明公啟示錄

范明公解儒學六藝

中華精英的蒙學教育2

范明公——著

# 目錄

第七章

六藝精英絕學鐵血文明

上乘之樂圓滿天人合一

# 第一節

## 六藝三絕學中華精英教育
## 燈燈相續三不朽復興中華

六藝博大精深，是中華上古三聖時代文明文化精髓之所在，不是孔子創造的，而是孔子真正克己復禮，將周初的整套教化之道重新挖掘出來，呈現給世人及後世子孫的教養學體系。

在此，首先用一段經典的文字記載，實證六藝確為周初時期的教養之道，《周禮·保氏》中有言，「養國子以道，乃教之六藝，一曰五禮，二曰六樂，三曰五射，四曰五馭，五曰六書，六曰九數。」其中國子可以解釋為國民、眾生，但是在這裏指的是國家精英，國之重子、國之重器，子即精英。「養國子以道，乃教之六藝」，即可明確六藝不是孔子所創。而孔子尊崇克己復禮，即是復周之禮，恢復夏商周三聖時代之禮，謂之教養之道，而禮是一部分，即「一曰五禮」，禮分五禮以後有機緣再詳細講，在此講的都是

框架重點，展開講所用的篇幅會非常大。

「二曰六樂，三曰五射，四曰五馭，五曰六書」，即樂有六種，射分五類，馭分五類，書有六種。六書是造字的方式方法，書即書法、繪畫，而學習造字，就是在教授上古的文化如何體現在文字和語言溝通上。「六曰九數」，數是數學嗎？九種數學嗎？不是的，那就太低估我們祖先的智慧了，古時的數不僅僅指數學，數學僅是數中極其微小的一部分。此處的數謂之象數之道，亦即是自然規律，九數即所謂九種自然規律。所有的自然規律完全是透過數術呈現，這是我們祖先認識自然，掌握自然規律，運用自然規律的方法，也就是現在我們的小學、初中、高中、大學，稱為自然學科的物理、化學、數學等等學科，亦即是我們現在學的科學。

其實，現在我們從小學、初中、高中、大學，一直到碩士、博士，學習的都僅僅是自然科學的極小一部分。小學、中學，學的是自然科學中最基本的概念，大學開始分科、分專業學習，碩士、博士分科更加詳細，我們現在實行的西方教育體制，所有的學習都沒有脫離自然科學知識

部分，而且基本上都是自然科學中最基本的理論、觀點、公式，包括所謂的規律，很多還不一定能經得起驗證。而且學了基本上用不到，所以現在從上小學，一直到博士畢業之後，已經快三十歲了，再步入社會時卻發現學的所謂專業知識根本用不上，基本什麼都不會，而小學、初中、高中十二年只學習那一點最基礎的算術和語言，所學的物理、化學、歷史、地理等等知識，現實生活真正能用的並沒有多少，也根本不知道如何用。

　　大學基本就是談戀愛和玩，渾渾噩噩的就混過去了，在中國上大學太容易了。其實西方也差不多，剛畢業的大學生也不會什麼，都是到社會上鍛煉多年後，憑自己的感受積累才會做人做事，基本都是三十歲以後了。至於周初時期的教養之道，以六藝教化精英，即所謂國子，六門課程到底在講授什麼，第一是禮，已經講過是在教授等級、界限、序列，即是序化，以及誠敬的心態，所有這些都是教授如何融入社會。自小就從灑掃、進退、應對開始教，同時教如何做人謂之做人之道，即禮是孝的前提，有禮才有孝，有孝必有禮，孝是德之本，孝悌是仁之本，教這些

做人之道，所以小學學禮時要學習《孝經》、《論語》。

第二即是樂，謂之溝通之道，教授如何真正與人溝通，個人魅力如何體現，怎麼與人和諧相處、有效溝通？樂是溝通之道，達到使用樂器時，就已經是高境界的溝通之道，超越了溝通的境界。而我們現代人把樂器、音樂都當成娛樂，是不對的。樂不可以用作娛樂，而是用於教化，是溝通，是一種昇華。

第三是五射，射即射箭，為何射箭謂之成功之道？夏商周時，教精英層的孩子如何實現成功，與射箭有何關係？其實持弓射箭，對面是不是有靶子，靶子上是不是有靶心，能不能射中靶心，指代何意呢？即是夏商周時的聖人，透過射箭活動，教人如何成功，是謂成功之道。人在何種狀態下，才能箭箭射中靶心？為什麼有時能射中靶心，有時卻射不中靶心？中與不中到底與什麼有關？其中學問非常之多，所以透過射箭活動教導孩子，步入社會若想成功，得有什麼樣的心態，什麼樣的精神狀態，什麼樣的專注度，確定目標以後如何實現。此即謂六藝之射，成功之道。

第四是五御，即五種駕車的方法。那時的車是馬車，亦即是駕御車前的幾匹馬，到達目的地。射箭是自己成功，自己在自己身上找到成功的各種因素，是一個人射箭，而御則是想要成功必須得有團隊，整個團隊托起你，才能以最快的速度走向成功的目標。這個目標一個人想走到很難，在一百公里以外的山上，自己走得累死，得扛著多少輜重走，沒到山腳下可能已經累死了，如此走法就不是御。御所講授的是，要想實現目標如何用人，這就是管理，如何讓馬聽我的話，為我所用，首先馬的長處就是載重量大、奔跑速度快，人的載重能力、腿腳速度不如馬，而如何能夠利用幾匹馬為我所用，使我能夠儘快的、輕鬆的、走捷徑到達目標。如果自己扛著輜重走，半個月都走不上去，而且有可能中途就累死了，但是會運用馬，100 公里兩天就到了。御就是五種管理方法，亦稱為帝王術。

　　第五是六書，其實是透過六種造字法，教我們如何通靈。不要以為這是玄幻不實際，何謂通靈？為什麼寫書法？書法與通靈有何關係？不僅是寫書法，所謂六種造字法，即是講字是怎麼來的。我在《中華文明真相‧文字起源》

一書中，講授上古聖人如何造字，所造的字本身就是上古智慧，同時與上古的神人如何溝通。另外還講了，我們的文化傳承就在我們的語言和文字中，文字中有很多的奧祕，中華文化想復興，文字千萬不能丟，正體字即繁體字千萬不能丟。中華文字就是通神、通靈的，寫的過程其實就是在通靈，就是在通神。我講的是否太虛，到底有沒有意義？讀者看到後面我所講的內容，就會想練書法，而且都得用繁體字、正體字寫，就會感覺書法可不僅是修身養性之道，而是接通著上古神靈。

第六即是九數。九數是古人的乘法、加法口訣嗎？我們現在都是學習西方的數學，方程、函數、微積分等。中國有自己的數學嗎？中華稱為數術，而不叫數學，西方的數才稱為數學。中華數術是以河圖、洛書為根基，運行的都是規律。何謂九數？一太極、二陰陽、三才、四象、五行、六合、七星、八卦、九宮，都是宇宙自然的規律，其中有宇宙自然運行的規律即天文、地理，有人事即人的命運、事物發展的狀態，這些運用我們的數都能夠算出來。

用西方的數學，能算出這些嗎？比如我要結婚，要託

付我的一生，用西方的數學公式能算出來，結婚以後是否幸福，能不能白頭到老，中間有何障礙磨難，哪一年生孩子，哪一年老公會有外遇，哪一年會離婚嗎？雖然西方能算出太空船需要多大的反作用力能夠升空，但是飛船能不能正常升空，升空以後是何狀態，西方數學能算出來嗎？事物整體的成住敗空發展過程能算出來嗎？兩軍對壘，如何藉助天文地理行軍打仗，能算出來嗎？何時有大霧？伏兵應該藏在哪個方位？

中華數術，能夠算出當晚有大暴雨，軍隊駐紮占據高坡，山下被層層圍住，看似高坡很危急，敵兵將領高興得很，圍住後既沒有水源又沒有糧草，無法下山，幾天就會餓死，還認為山上是不懂規律、不通兵法的將帥，認為一將無能毀三軍，高興得在山下團團圍住。結果，當晚半夜一場大暴雨，山上大洪水沖下來，把山下全部淹沒，這就是所謂不戰而屈人之兵，才真正是運籌帷幄之中，決勝千里之外。這就是中華的智慧，是我們真正應該學習的，中華數術就是如此應用的。

有人說：「老師，這些不是您之前講的占卜嗎？」

占卜是進入數術之門，先從占卜入，通達《易經》之後，就得學習數術了，就從河圖、洛書開始學，而後象、數、理、占。首先，有明師指引帶你通象，然後再帶你通河圖、洛書，以及《易經》八卦、六十四卦，既要學會占卜，又要學會數術，才能懂得奇門遁甲。現在很多書在寫奇門遁甲，很多人在教奇門遁甲，但是真的懂得奇門遁甲嗎？不要以為把書上所寫的講明白就能用，那樣最後就是所謂的紙上談兵。這些都是真正規律性的學問。

　　中華老祖宗看一個人的命運，透過生辰八字一算，孩子出生基本上就能將其一生的命運擺出來，為什麼？因為人就像一部電腦，出生的時候相當於電腦出廠，使用電腦的過程中，是否有 BUG、有哪些軟硬體運行的問題，其實出廠前就已經定下來了。製作硬體和安裝軟體的過程中，電腦今後的命運、運行狀態已經固定，如果是真正的高人，打開一部新電腦，直接進入其底層代碼，一看就能知道這部電腦的性能、使用時間、會有什麼問題，是視頻播放容易出問題，還是網路連接容易出問題，CPU 記憶體不足則速度一定會慢，如果有軟硬體 BUG，那視頻播放時就總會

閃退，這些在電腦出廠之前都是確定下來的。

我們古人的數術，包括太極、陰陽、三才、四象、五行等。陰陽數術就是底層的軟體，底層代碼的不同排列；三才即天地人代表層次，有了陰陽底層代碼，再有三才層次，然後四象直接開始運用，之後五行開始展現於外，六合、七星、八卦、九宮一步步全面展現於外了。我們的數術其實是這些學問體系，這是中華智慧真正的精髓所在，是啟用處。經典看得再多，背得再熟，不通數術，不通象，也運用不了，經典倒背如流都沒用，就是所謂紙上談兵。企業要做計畫，知道計畫未來的發展趨勢嗎？既不會占卜，又不懂數術，還不通象，只知經典根本不起作用。

占卜、象與數術，達到最高境界就是中華三絕學。第一太乙神數，第二奇門遁甲，第三六壬神課，其中太乙神數是天，奇門遁甲為地，六壬神課是人，三門絕學解決的是天地人三個不同層面的問題。太乙神數最高，解決的是命的問題，即大趨勢。奇門遁甲是地，解決的是運的問題，即具體的戰役、計畫、婚姻等事的發展，奇門遁甲可以解。六壬神課則專門針對於人，人一生的命運、一生的發展趨

勢，怎麼破人之災、解人之難，如何使人富貴、婚姻幸福，六壬神課可以解決。所以，這三門絕學又稱為三門帝王學。帝王學不僅僅是學《韓非子》、學法家體系，那僅是帝王之理，只知道理，根本沒法用，即不會這三絕學無法運用。

有人問：「老師，劉邦是大漢的開國帝王，他會三絕學嗎？」

劉邦不會，劉邦就是有天子之命，膽子大，絕對具備帝王學顯學的觀念，做事不擇手段等都是帝王學的認知觀念，他有做帝王的根基、天賦和勇氣，但是他不用學奇門遁甲、太乙神數，因為有懂這些的人輔佐他。在伏羲氏、神農氏、炎帝、黃帝、堯舜禹、夏商的帝王，一直到周文王，這些帝王本身都是君權和神權合在一起的，本身既懂治國之道，又通數術。什麼時候君權和神權開始分開的呢？即是從周武王開始，君權和神權分開，周武王不懂三絕學，但是有太公姜子牙、周公旦等通達三絕學的大臣在身邊輔佐，即稱為帝師，而周武王更是對姜太公以父相稱。所以，之後的皇帝不一定通數術，但是成功的帝王身邊一定有通達數術、象數之道的帝師輔佐。

其實只要是真龍天子，一定有通占卜、通象數之道、通帝王三絕學的人，輔佐管理國家。反之，如果是些大仙入朝輔佐帝王，那國家就麻煩了。所謂大仙，就是那些不通理，也不懂何謂太乙神數，不會陰陽、五行、八卦，只是有時測事兒特別準，上炷香，眼睛一閉，打個哈欠，靈感來了就給人指點。但這絕不是真正的國師、帝師，一旦入朝就麻煩了。

我們要學習的六藝，以孔子秉承的復周之禮為起始代表，其中道理很深，其實既有做人之道、成功之道，又有管理之道、溝通之道，還有通靈之道、宇宙自然的規律，全都在其中。這就是周朝培養精英所要學的一整套教化之道，而且六藝僅是周時的小學，即七歲到十五歲學習的，到十五歲時，《易經》、八卦、占卜、象數、河圖、洛書、宇宙運行的規律，都已經準備學習了。

而現在的我們到十五歲時，還只是學習物理、化學、地理、數學，所學的數學現在還能用到嗎？都只是所謂自然科學的一部分。十五歲時學會做人了嗎？知道做人的標準嗎？知道如何做事嗎？何謂成功之道？學過管理學、帝

王術，以及如何駕御、如何為我所用嗎？上了大學，甚至大學畢業以後這些也都沒學過，大學畢業還得上碩士、博士，把時間全耽誤了，最後快三十歲才步入社會，發現自己什麼都不行。為何會這樣？就是因為這套教育體制，教的根本不是做人之道、做事之道、成功之道，不是聖人的三不朽，不是學成有用的知識本領，出去之後可以直接建功立業。

中華夏商周時期，孩子到十五歲時已經成人了，就要舉辦成人禮。古人不是十八歲辦成人禮，而是十五歲左右，成人禮之後開始進入大學的學習，所學的是六經，即詩、書、禮、樂、易、春秋，那是在學習了八年的六藝基礎之上，學習更深的六經。學習三年六經到達十八歲，為人品德端正，則經過舉薦直接做文官、當武將，甚至有的精英直接率領千軍萬馬出征，如西漢名將霍去病，也有的文官二十歲就治理一方井然有序，少年英才文韜武略樣樣精通。

七歲到十五歲天天練習射箭、騎馬，學習溝通之道，天天練樂器、寫書法、學占卜、象數、河圖、洛書、《易經》，包括八卦九宮、奇門遁甲，同時通達如何做人、如

何管理、如何成功，又能夠通靈，掌握宇宙自然的發生發展規律。之後再經過三年大學的六經教育，十八歲的古人直接即可建功立業。

現代人能夠理解嗎？我們現在的孩子，十八歲還都稱呼寶寶、孩子，飯來張口、衣來伸手，可悲啊！中華的教化之道、教育之道已經淪落至此，十八歲成人的年輕人，不知書、不達禮、不知宇宙自然的規律、不懂管理、不會用人、不知如何與人相處，智商天天用於機械的背誦，好像學霸就是優秀，結果步入社會情商極低，談何建功立業？而且現在的社會只看分數、看畢業院校、看碩士博士學位。其實，即便是重點大學畢業的博士，就懂得如何為人處事嗎？學歷越高越不會與人相處，智商越高情商越低，這就是現狀。反而是學校時期的學渣，步入社會以後如魚得水，我們不是貶低學霸，也不是小看學渣，而是現代社會整體的教養、教育體系，真的出了大問題。一味向西方學，結果西方教我們的全都是廢棄無用之學，耽誤了中華青年精英的大好年華。

七歲上學，大學、碩士、博士畢業已經二十多歲，近

三十歲，是一生中最好的年華，結果把所有的精力都放在局限的、狹隘的、所謂的自然科學學習上，把所有學子的創造力、靈感全部壓抑，不教如何做人，不教如何建功立業，不教用人之道、管理之道，不教如何承載、運用祖先的大智慧，一味將精英孩子們壓在書本上，死記硬背不知是否正確的、所謂的自然規律。

我們最好的年華，浪費了那麼多時間，起早貪黑、披星戴月，哪有學到多少現實社會能用上的學問，都是畢業走到社會中後自我摸索，才開始真正的實踐和學習。但那時已經二十多歲，快三十歲了，很多都已經定型，而且不知做人之道、溝通之道，全都是自己摸索，摸索到近四十歲時，少部分悟性高一點的人，經歷很多磨難後，成熟了一點，開始創業，走自己的人生。但那時已經四十歲了，也就只有一次創業機會了，成功機率能有多大？到五十歲以後，一生基本上就差不多了。這就是我們現在學子的一生，真的很悲哀。

現在所謂的教育體制，從西方到中國的教育體制，全是如此，坑害了一代又一代的年輕學子們。中華在這種狀

態下何以復興？天天跟在西方身後一味的模仿學習，無論政治體制、管理體制、社會體制、教育體制，幾乎都向西方學，能真正學到些什麼？現在就學成了這個樣子，很多本就是獨生子女，在家中沒有負擔、不會承擔，二十多歲甚至三十歲都是寶貝孩子，兩個獨生子女再組成家庭，誰照顧誰，誰為誰付出？結果人與人矛盾重重，根本不會相處，都是蠻橫、任性，文憑有何用，博士畢業只是某一專業領域鑽研得深一點，如果不從事這個專業，還會做人做事嗎？會與人溝通、會用人、會管理嗎？更不必說運用古智慧，掌握事物發展的規律了，什麼都不知道，學那麼多年有何意義？

所以現代教育體制就是平民百姓的教育陷阱，是故意不教那些智慧規律。其實無論西方還是東方的統治階級，都是一回事，不希望老百姓真正掌握這些智慧。西方的教育分為兩類，我們只知道西方的教育體制好像特別寬鬆、特別人性，孩子們都是自由發揮、自由發展，也沒有課業壓力，大學申請就能上，孩子的創造力、靈感一點也不受壓抑，不排名也不比較，多好啊。

但是告訴大家真相，西方歐美社會有兩套教育體制，一套為精英教育，一套就是平民教育。而剛才講的那套人性化的西方教育體制，即是西方的平民教育，是對西方普通老百姓的孩子的教育體制，讓他們快樂、沒有壓抑、自由自在。但是，西方的王公貴族、精英層，對王子精英們如何教育，大家瞭解嗎？知道英國王子上的是什麼學校嗎？是的，西方的貴族子弟、王子精英，有世襲爵位的社會精英，培養出來後就去管理國家，就是統治者，他們的教育都是特殊的學校，平民再有錢也進不去。大家可能覺得那些王公貴族的孩子們，學校一定特別豪華，每人一間大套房，睡著特別舒服的床，吃的特別精美，上課時老師都得畢恭畢敬，對孩子們尊敬有加。那就大錯特錯了，好好研究研究西方精英教育，就會非常的震驚。

　　西方的貴族學校不是大席夢思而是平板床，不是單間而是大通鋪，很多人住一間房。起床絕不可能睡懶覺，完全是軍事化管理，真正的精英階層，孩子壓力大得很，必須得拼命，不僅在文化學習方面要拼命，各種技能都得掌握，對精英的教育就是叢林法則。人在社會中就是動物在

叢林，西方精英天天灌輸叢林法則的幾大原則，不要以為現在的生活好，就會永遠這樣，要知道自己的好生活如何而來，那是父輩、祖上用生命拼搶來的，為什麼？哪有種地的人能成為帝王的？商人也根本成不了帝王。真正帝王那個位置就是搶來的，想到過沒有？平民接受著太舒服的教育，到精英層中接受一下教育，還想睡懶覺，天天殘酷的競爭，就是帶到叢林中野外生存，弱者就要被淘汰。

　　叢林法則就是優勝劣汰，就是自然規律。強者就能存活，弱者就被消滅，大自然裏弱肉強食不就是如此嗎？新冠疫情即是老天在收弱者，也就是免疫力差的，年輕人、免疫力強大者，即使感染了不用吃很多藥就好了、出院了。沒有疫苗時，不僅老人感染會死，有的年輕人也死了，那在年輕人中也肯定是弱者，在大瘟疫面前，自然界就是在淘汰。就像山中的動物，牛羊鹿馬、狼蟲虎豹全都是自然淘汰，而且那種淘汰多麼殘酷，生下來殘弱的直接就被淘汰，活下來的都是強壯的，這就是弱肉強食、適者生存。

　　咱們的平民教育，天天學習數理化，學習和諧，只要乖順巧，社會就能容納我，就會獎勵我。因為是平民，只

需要聽話，只需要維護法律法規，做個良民，這就是我們受到的教育。但是西方精英層不是這種教育，因為這批精英十八歲後，要進入國會，成為議員，統領國家，是這樣的一批人訓練成了精英層，然後帶領聽話的平民，指揮著平民的所做所為，精英層所學的才是真功夫。甚至日本的精英教育，孩子如何學習？軍事院校全是危機教育，都是強化力量的教育。只有平民才會接受舒服的教育，不要惹是生非，學一點自然科學知識，未來做一個技術工作，這就是所謂教育陷阱。

而中華周朝時候的六藝教育，就是一套精英教育。我們學射的時候、學御的時候，就是在培養精英。成功者如何實現成功，怎能射中靶心？如果靶心上有隻兔子，能不能一箭射出去？如果是一隻寵物狗、寵物貓，一箭能不能射出去？進而一步一步的繼續練。至於統治階級這種教育方式對不對呢？不能說其不對，精英就應該有精英的教育，最後進入統治階層，帶領普通百姓去創造歷史。一定要記住，歷史是精英創造的，人民百姓創造不了歷史。當然，也可以說精英是從人民中走出來的，但永遠都是精英、英

雄創造歷史、改變歷史，即所謂極少數人改變歷史、創造歷史，絕大多數人都是從眾。

越是進行平民教育，甚至愚民教育，國民就越來越不強大、不強壯，這種教育在帝王學中都是下乘的帝王學。真正的帝王學，即是為何周朝八百年，那麼強大？漢唐如此強大，其實就是把這一套教化之道，不僅集中在統治階層、精英階層的一小部分學習訓練，而是落入了民間，讓百姓孩子全都學、全都練，最後從中選取出類拔萃的，再帶領人民百姓往前衝，去創造歷史，才有了大漢之強大、大唐之興盛。然而中華教育什麼時候開始變的？是宋以後開始變的，宋、元、明、清，一直到現在就徹底變了。趙匡胤建立宋登上皇位就開始變，直到 1279 年南宋滅亡，三百年的大宋是個過渡，宋之後元開始即 1279 年，永遠要記住這一年，整個大漢的精髓、血脈基本上毀之殆盡。

有人詫異道：「老師，我們的血脈不都是大漢祖先留傳的血脈嗎？」

不，已經沒有了血脈傳承，那套鐵血精神基本上全沒

了。1279 年到現在，不到八百年的時間，我們中華的整個文明文化都沒了，墮落至全都向西方學習，自己沒有辦法了。為什麼要講六藝，是否應該講六藝？我們的孩子七歲以後，到底應該學習現在學校中所謂的科學知識，還是應該學習真正的六藝，以及灑掃進退、《孝經》、《論語》，進而學習六經呢？現在的教育體制，是否會把這幾代孩子都坑害了？從 1905 年取消科舉，1912 年蔡元培禁止尊孔讀經，不可學也不能考經典時，我們就已經與上古的智慧開始隔絕。

1912 年到現在，一百年過去了，幾代人下來，我們的祖輩、父輩，直到我們這一輩，中華的智慧基本上全都沒了。所以我一再的講，我們這一代是承上啟下、關鍵的一代。如果我們再不醒悟，也許我們中華的文明、文化、上古智慧，就在這一代徹底消失了。我們的兒孫一代，已經根本對中華經典、文字等文化文明沒有任何感覺了，注意力全在西方的數學、英語、物理上，全在如何融入西方文化上。老祖宗這套大智慧要嘛就這樣消亡，要嘛就在我們這一代開始復興，要有一批人承擔起文化復興的使命和重

任，然後把老祖宗的智慧重新挖掘出來，我們發心發力，使自己成為一座燈塔，哪怕先作為一支蠟燭，進而能點亮一支是一支，最後燈燈相續。

如果我們中華這一代人中有這樣一批人，能夠盡心盡力的捨己，真正擁有捨己的精神，發大願把中華這套智慧傳承下來、傳播出去，中華就有希望能復興、能崛起。而希望就在我們這一代，所以這套教養學、教化之道非常重要，這就是我們自古以來中華的精英教育，如果身為教育工作者，請在六藝上多用點功夫，把六藝真正傳播出去，用在我們的孩子身上，培養出我們的精英孩子，這才真正是重中之重。

# 第二節

# 寓教於樂六藝全面教化
# 人自毀滅地球不會流浪

　　儒學整體的框架不外乎六經六藝，六經是理、是道，六藝就是現實中的應用，非常重要。只學會理還不行，學會文字上的功夫，知道六經是經典，背得滾瓜爛熟也沒有意義，僅是紙上談兵，而六藝就是真正把六經中的道，其中很深的理，更好的在現實中應用，這一點很重要。六藝用以培養精英，我們的孩子七歲開始用六藝培養，禮、樂、射、御、書、數六種活動既有戶外又有戶內，既有自然知識、宇宙規律，又有為人之道、管理之道、成功之道、溝通之道、通靈通神之道，所以六藝基本上包括了全面的教化。

　　孔子為何將周初的教化之道挖掘出來，用以教育、教化他的弟子？就是因為六藝寓教於樂。孔子的教育方式，真的與現在我們所謂的教化、教育方式不同，其教化之道

並不死板，非常的靈活，並不是灌輸知識。我們能夠想像兩千五百年前，直到漢唐時候的學子，每天的學習非常有意思，就像我們現在的教育中，上學時喜歡上的課程，一般都是體育課、音樂課、繪畫課，如同大家一起玩般輕鬆；而不喜歡上數學、物理、化學、政治、歷史、地理課，死記硬背的我們都不喜歡。

有人問：「老師，只是玩能行嗎？現在的體育課就是玩啊！」

孔子時期、漢唐時期對孩子的教育，就是在玩中教授管理之道，在玩中教授成功之道，把這些道融入到玩中，所以教化得非常好，孩子們完全能接受、得到。所以，六藝教育在孩子的成長發展中，真的包含了一切，既有文又有武，既有為人處世，又有宇宙自然的規律，還有如何實現成功，這些其實都在七歲到十五歲之間小學階段的六藝中基本上完成學習，之後進入社會的基本知識就具備了。這些基本知識可不簡單，所以我們也用了很多的篇幅，先講了禮，現在樂沒還沒有講完，相當於六藝僅僅開了個頭。

樂即是溝通之道，其中有大學問。溝通之道中有陰陽，有三才即天地人三方面的溝通，也有四象、有五行、有八卦、有九宮。六藝的任何一道之中，不僅孝禮之道、溝通之道，後面射即成功之道、御即管理之道，其中都有陰陽、三才、五行、八卦，必須真正通達每一道中的陰陽、五行、八卦，即謂數術，才真正能夠在現實中啟用。六藝的每一道都有基本的訓練方式、方法，比如禮有禮的訓練之道，樂有樂訓練之道，有其基礎起修處，也有階梯向上一步一步直到昇華，達到高境界；管理有管理之道，成功也有成功之道，都有其起修處，有其階梯；最後從哪裏開始認識宇宙自然的規律，即是六藝中的數，所以六藝包羅萬象，須得用很大的篇幅講解。

　　有人著急說：「老師，六藝您少解讀一點，大概有個框架就過去了。然後我們更想看您的經典解讀，講一講《孝經》，解讀一下《論語》、《詩經》、《禮記》，儘快進入經典。」

　　其實，六藝的大框架講解出來，基本上所有的經典就都包括在其中了。所以我不會片面的講解，講的不是碎片，

都是透過任一碎片講整體，不管是三本書、十本書，甚至一百本書，其實講的都是一件事。修儒學、修佛法、修道法，無論修什麼，其實修的也都是一件事，本身就是不二法門，修行無二道，只有一條路。只是起修處不同，可以從基督起修，可以從伊斯蘭教起修，可以從猶太教起修，可以從佛教起修，可以從道教起修，也可以從儒家起修，從任何方面修只是起修處不同，但真正的修行正路只有一條，無論如何起修，最後一定都得走向那一條路，此即謂不二法門。條條大路通羅馬，其實最後只有那一條路能夠通向羅馬，通向真正的目標，亦即是彼岸。

寫一萬本書我還是在講一件事，將你引向同一條路，這麼多的讀者，各有各的緣，有的與密宗有緣，有的與禪有緣，有的與文字有緣，有的與醫有緣，有的與武功有緣，有的與兵法有緣，有的與管理學、帝王學有緣，無論與什麼有緣，不管從哪個方向來，來到以後我都會把你帶入一扇門內，帶到一條路上。而且任何明師一定都會把你帶上這條路，都會將你帶進一扇門，沒有二即謂不二法門。所以我們講儒學時，其實包含著佛法、道法，也包含著基督

教、伊斯蘭、猶太教，都是一回事。

歷史上的聖人基本上都是相通的。我們的孔聖人如何看待世界？他將上古神授的這套體系為我們揭示出來，告訴我們真正的宇宙就是由兩部分組成，形而上和形而下。所謂「形而上者謂之道，形而下者謂之器」，道是根源、是本質，器是形式，已經有器皿了就有時間、有空間了，器即是表象，形而下者就是表象，我們的現實世界亦是表象，都是假的，即所謂一切相皆是虛妄，都不是真實的存在的。

如果認為現實世界的一切都是真實存在，這就是一個人痛苦的根源，覺得都是真的，婚姻是真的、情感是真的、財富是真的、官職官位是真的、這副身體是真的，認為這些都是客觀存在，所以現實中的障礙也是真的，疾病也是真的，死亡也是真的，不幸福也是真的，所有都是真的，而且越認為這些是真的，越是改變不了。

有人十分疑惑，「老師，難道這不是真的嗎？難道這把扇子不是真的嗎？」

我很明確的告訴你，聖人也一再告訴我們，現實中的一切都不是真的，無論佛法、道法、儒學，還是基督、伊斯蘭，包括現代量子物理學，其實告訴我們的都一件事，現實中所有的一切都不是真的，都是形而下即低維度的，形而上即高維度世界的投射。何謂投射？即是投影，投射出來的影子。打個比方一張桌子，如果我們假設桌子是真實的存在，而桌子有影子，那麼影子一定是假的、是虛的、是不存在的。所以，古聖人告訴我們形而上者謂之道，我們真正真實的存在是形而上的世界，即剛才比方中假設真實的桌子；而現實即形而下者謂之器，器即是真實的、本質的形而上者投影到現實世界中的影子，即桌子的影子。投影是虛的、假的、不真實的，當知道現實中的一切都是不真實的時候，我們就能改變之，如果都是真實的存在，則無法改變。

　　已經是客觀存在的任何東西，就開始其成住敗空的客觀規律了，有了就必須得按照客觀規律發展，比如想改變這把扇子，就要用更大的力將其砸碎，或者撕掉、燒掉，就是用更大的能量，同時又符合自然規律，才能將其毀掉，

否則是毀不掉的。所以孔聖人講得清清楚楚，宇宙世界就是分為兩部分，一是高維一是低維。其實西方也有聖人，而且西方聖人看待世界，與我們的聖人看待世界的角度差不多，雖然沒有我們的聖人系統，但是對世界的感知是很接近的。

中華歷史上有三聖，遠古聖人伏羲氏、中古聖人周文王、近古聖人孔子。西方也有聖人，但是與我們的聖人其實沒法比。西方可以稱之為聖人的也有三人，就是蘇格拉底、柏拉圖、亞里斯多德，基本上稱之為西方三聖。這個西方三聖不是指西方極樂世界的觀世音菩薩、大勢至菩薩、阿彌陀佛，而是歐洲的所謂西方三聖，現在我們學的哲學、天文、歷史這些綜合性的自然知識，很多都是亞里斯多德的理論觀點，他們三人都是師徒關係，最早是蘇格拉底，之後是柏拉圖，再後面是亞里斯多德。

其中柏拉圖看待世界，柏拉圖的理想世界論，就認為我們所感覺到的現實世界，只不過是反射更高層次世界的陰影，所以柏拉圖主張，在更高層次的世界裏存在著最理想的國度，這種理想形式實現了真正的光明，而不僅是陰

影。柏拉圖看待宇宙的結構，理想世界即謂之真實的世界、光明的世界、美好的世界，柏拉圖的老師是蘇格拉底，柏拉圖的學生是亞里斯多德，他們所在的年代與孔子差不太多，孔子所說的形而上者謂之道，是否就是柏拉圖所謂更高層次的、真實的世界？而形而下者謂之器，是不是就是我們現在所感知的現實世界，只不過是更高層次世界投射的陰影，是不是都是一回事？

講到這些，已經又涉及修行了。修行的起修處，不是從吃素開始，不是打坐開始，不是念佛開始，也不是行善開始，那些都不能稱之為修行，而是都稱為助行。打坐、吃素、禁欲、念佛、行善，其實與修行沒有什麼關係，真正修行起修處是如何看待和認識這個世界，知道真實的世界到底是什麼，從此起修，開始轉變觀念、轉變模式、轉變看待世界的方法角度。如果看現實世界都是真的，認為形而上的世界都是假的，不知道宇宙的自然規律、真實宇宙的架構和組成，不知道現實是什麼、還有沒有更高層次的世界，不知道客觀世界之上還有沒有非客觀的、靈性的世界。這些都不懂、都不知道，那麼天天打坐也沒用，因

為不知道為什麼打坐；天天禁欲，一輩子不碰異性也一點用都沒有，因為那根本就不是修行，甚至與修行一點關係都沒有。真正的理都不通，都不理解，怎麼可能入道呢？根本無法入道。

真正的起修處，修行真正入門就在於此，東西方其實是一回事，也不可能是兩回事，聖人表現出來的形式和結果基本都是一樣的，只是從不同的角度、用不同的語言或不同的術語來表達、表現。如果真正達到了那個境界，無論是看佛經、道家經典、儒學經典，還是看基督聖經、伊斯蘭的古蘭經，其實看出來所說的一定都是一回事，都是一個理，不能有二。有二就有問題了，真正有二，真正看各種經典差異很大的時候，那不是經典的問題，而是你個人理還不通，境界沒達到。其實都沒有差別，世間的一切經典，聖人說的每一句話，都是一回事，沒有差別。

我們現在講六藝，六藝中對整個宇宙的結構、宇宙的形成與發展，以及最後如何終結，都是在六藝之數中，現在的自然科學在數中占了很小的一部分。現在上學，從七歲到大學畢業，甚至到博士畢業，用西方的教育方式、教

育體制，用了二十年的時間，也僅僅學了自然科學中的一小部分。也就是說，我們用一生最好的、最青春的年華，僅僅學習了自然科學中的一小部分，更不必說為人處事之道、溝通之道、管理之道、成功之道、通靈之道，這些大道了。我們所有在學校的生涯，學的僅是六藝之數中一小小部分而已，亦即是我們所學的自然科學，也不是自然科學的整體規律，也僅是一點小碎片而已，結果我們人生的大好青春年華全都浪費在此。

　　之所以稱為浪費青春，因為我們在這個年齡段，應該學習真正有用、有效的學問，要學習如何立功、立德、立言，十八歲步入社會以後，智商、情商方方面面都應該到位，既通溝通之道、管理之道，又通成功之道、通占卜、通數術，掌握著宇宙自然整體的規律，既會解決現實中的疑難問題，又掌控著陰陽不測之謂神，即高維空間的一整套規律，知道高維空間如何影響低維空間，高維度的精神領域怎麼作用於低維度的現實世界，那就是奇門遁甲、太乙神數。自古以來，這些真正的學問，十八歲以前就都學通了，因此漢唐的孩子們，十八歲後就不是孩子了，個個

出去後都是通天徹地的棟樑之才。

　　漢唐傳記中，大漢、大唐的精英都是多大年齡入世建功的？諸葛亮是東漢末年三國時期，正好在漢唐中間作為代表，不論其成名年紀，諸葛亮出山時年齡才二十七歲。剛才講的難道不對嗎？諸葛亮二十七歲出山，是不是文武雙全、通天徹地，為何沒有社會經驗，出山就直接當軍師，指揮關羽、張飛、趙雲和千軍萬馬？諸葛亮僅僅是那個年代英雄人物的代表，三國演義、三國志、隋唐演義中的英雄人物，個個英才，孫策二十四歲立業，同時周瑜二十四歲統帥三軍，都是天文地理、文韜武略全都具備。而我們現在二十多歲卻什麼都不具備，甚至最基本的做人之事、娶妻生子都不懂，如何與漢唐時的年輕人相提並論？

　　講六藝時講到這些，其實是告訴我們現代人，不要以為自己進化了，我們與夏商周、漢唐時的那批人相比，退化得太多了，覺得自己在進化就是個錯覺。誰能真正懂得古人那套智慧體系？相差得太遠。那時稱為智人，現在則稱為愚人，不要以為我們現在有飛機、大炮、空調、汽車，就是先進，我們其實都是在毀滅這個世界，現在這些不是

智慧，只是科技，甚至不能稱之為科學。科學是整體性的，是與天地同在、與天地和諧共生的，科學越發達與天地之間就越融洽，和諧共生的意思是互生互長，相互的作用是相互有利。

現在我們發展的西方科技只能稱為科技，不能稱作科學，科技是術，最多可以稱之為應用科學，現在不斷的發展，是為了滿足現代人所謂的生理享受，滿足現代人的方便需求，不惜破壞宇宙自然、破壞整個生態，這不是科學，僅僅是科技。科技發展到一定程度就是毀滅，因為高度不夠，只想著人，太自私了，不會想自然界中的植物、動物。不要以為西方現在天天在講環保、講生態，好像生態環境保護得很好，對大自然特別的敬愛，不要忘了是誰破壞生態環境，是什麼東西開始破壞的？天天污衊中國人，是中國人破壞地球大自然嗎？中國真正開始崛起，中國人真正開始發力的時候，大自然已經被西方破壞得非常嚴重了，地球的動物、植物已經近乎滅絕了。等到科技產業遷移後，西方回過頭來保護動物、保護植物，要求綠色生態，毫無道德可言。

西方發明了這些科技，從蒸汽機的發明開始，工業革命一直到現在，二百年的時間，地球已經不適合人類居住了，而中國真正進入工業化、科技化才不足四十年，甚至進入二十一世紀中國才開始大發展，煤炭、鋼鐵才開始對自然造成破壞。在那之前我們基本沒有科技化，工業化也根本不成熟，想破壞生態環境也破壞不了。我們中華民族在這塊中華大地上，已經繁衍生息了上萬年，人口一直是世界上最多的，從未出現這塊土地不適合人居住的情況。不就是因為西方科技發展以後，地球才不適合人居住的，然後說地球要開始流浪。地球為什麼流浪？憑什麼流浪？最差不過人作到一定程度後，地球把人消滅掉就完了。瘟疫如何而來？大洪水是怎麼回事？不要以為都是人為，即使是人為的，背後也都有因果關係。要是南極北極全都融化，整個生態就開始變了，天天空調排放，一旦臭氧層耗竭，紫外線輻射也會將人全部燒死，其實很簡單，而且已經離我們人類不遠了。

　　為什麼會這樣？我們的祖先不斷告誡我們應該發展的方向，我們的教化之道從來不教我們與自然作對，從來不

允許我們研究所謂西方現代科技，稱之為奇技淫巧，之所以這麼稱呼，因為那是違背自然的，現在的飛機、大炮、船艦，現在的空調、汽車，包括電腦、手機，人真的需要嗎？把諾大的地球變成了地球村。

我們中華的祖先強調的世界，應該是何種狀態？是謂之小國寡民。為什麼如此強調？這是一種什麼樣的社會體制、社會狀態？都安穩在自己的領域內，既不向外強調擴張和統一，只強調人人安居樂業，小國寡民互不侵擾，即謂之無為，亦可謂自然。不擴大疆土是不是不求進取？如果真正通達祖先的至理，就會知道為何這樣說，其狀態即是一塊一塊的封地，大家互相和睦相處，各有各的休養生息之道，自然和諧之道，儘量不發生戰爭。有人覺得這樣太不思進取了，其實不然，天天講統一，日日追求大一統，就是好事嗎？中央集權制就是好嗎？

其實中華的幾種體制中，禪讓制是最好的，也是最早的。後來到了夏商周三聖時代則是過渡時期，即是封建制時期，從秦始皇一直到現在，就是中央集權制。我們所謂要打破的封建制度、奴隸制度，首先中國沒有奴隸制度，

有封建制度在兩千年前也已經被秦始皇打破了，上一章講了封建制度具備兩個條件，一是封地，一是爵位世襲，才能稱之為封建。而秦始皇時已經建立中央集權制，一直沿用至今，沒有改變。現在所謂打破封建制度、皇帝家天下，其實是種錯覺，首先封建制度早已打破，再者咱們中華從不講家天下，之前皇帝時期也不是家天下。

上一章也講了，中華的統治體制、政治體制是皇帝宰相制，亦即是共治，皇帝是精神象徵。我們可以看到任何一位皇帝、帝王，都是高高在上的坐在大殿之上，都得有簾子在前面遮擋，甚至皇冠亦稱為冕旒冠，面前也得有珠簾遮擋，意即為不管事，只是一個象徵。真正負責管事的是宰相，因而稱為皇帝宰相制，與日本、英國的君主立憲制相似，這是中華真正的正統政治體制，非常之先進。

什麼時候開始家天下的？是元時期。1279 年後，蒙古統治了中華，蒙古是塞外民族，沒有太多文化，當時亦被稱為野蠻民族，他們的體制就是家天下。蒙古大汗即氏族首領，就是當家的，都是他一人說了算，其實就是奴隸制，大汗即所謂奴隸主，就是主人，抓來的俘虜也都成為奴隸。

1279 年滅掉南宋以後，蒙古就把這套奴隸制帶入中華，從那時才開始了所謂的家天下，只有皇帝一人說了算。而在那之前，皇帝和宰相之間，包括與大臣之間，都是相互尊重，而且皇帝是非常敬重宰相的。那時沒有皇帝直接把宰相拉出去斬了的，絕不是那樣的，而且宰相具體負責政務、軍事各個方面的執行，即是謂皇帝宰相制。

要清楚，是元以後開始家天下，那時元帝王所選的宰相都是奴隸，整個天下全是帝王的，其餘的全是帝王的奴隸，那是從元才開始。後來，明把元打走之後，覺得這一套家天下體制也挺好，皇帝至尊無上，既有象徵意義同時又有實權，而且明時期的皇帝也非常節制，所以經常有抗上的大臣，還有中華的血統，還留存著我們上古的這套禮法秩序，不是皇帝一人說了算。所以明朝的大臣，死諫者相當之多，明朝的皇帝感覺挺窩囊，不敢做什麼事，任意做點事情大臣就死諫，不要命的上疏，意即為不是皇帝你一人說了算。

因此，明朝的皇帝想恢復成家天下的狀態，於是與大臣之間不斷的爭鬥；而了解上古體制的大臣，又想恢復成

為皇帝宰相制，不讓皇帝一人說了算，皇帝就是精神領域的代表象徵，不要參與朝政，皇帝摻和朝政就亂了，於是大臣也跟皇帝鬥爭。為此斬殺了很多大臣，皇帝鬥不過大臣，於是就培養身邊的親信錦衣衛、東廠西廠、外戚宦官，進而形成了閹黨。宦官閹黨沒有知識、沒有文化，不知道何謂古制，甚至什麼禮法都不知道，皇帝說什麼就聽什麼，其實閹黨就是皇帝的奴才。然後，真正有骨氣的大臣就組成了東林黨，這批人不怕死，堅持皇帝不能干預朝政，古制不能變，就是皇帝宰相制，只要皇帝干政，東林黨大臣就拼命與皇帝據理力爭。

所以明朝最終亡於黨爭，其實明時的經濟、軍事力量都相當的強大，就是亡在了東林黨和閹黨之間的黨爭之上，朝廷形成巨大的內訌。而且先是長期的乾旱災荒，明末又連續出現大瘟疫，於是農民起義軍風起雲湧，後來出現了闖王李自成這個人物。其實明朝軍隊中出現一場大瘟疫，把明軍徹底毀掉，不是清軍滅掉的，也不是李闖王滅掉的。就像現在的非典、新冠肺炎病毒一樣，使明軍全部癱瘓，因此李闖王才有機會打入北京，明朝末代皇帝崇禎煤山自

縊，後來才有二十萬清軍長驅直入，因為瘟疫過後根本沒有什麼抵抗，直接攻下京城，席捲全國，建立了清王朝。

基本上改朝換代的時候，大瘟疫就要出現，歷史不斷的重複。所以歷史上的帝王，最怕的其實不是人禍農民起義，而是天災大瘟疫。也不要以為中華就是皇帝一人說了算，大臣全都是奴隸，清朝建立後因為是滿族統治，滿族是北方少數民族，也是家天下，皇帝一人說了算，大臣全是奴才，甚至王爺們也都是奴才，又統治了我們中華近三百年。然而，皇帝家天下可不是中華古制裏的政治體制，其實中華古制的整個一套政治制度，就與現在日本的天皇首相制和英國的君主立憲制很相似，是皇帝宰相共治天下。日本到現在也是天皇和首相共治天下，天皇是象徵，不參政，首相具體掌管一切軍政外交事務；現在的英國女王也不參政，一切由首相議會管理。

而日本和英國的政治體制是從何而來的呢？真正探究一下根源就會發現，其實全是以中華為源。西方世界是碎片式的，基本上沒有百年的完整朝代，在不斷的更替中延續，全是碎片能積累多少智慧？就像柏拉圖，剛才講他的理論不是與我們的孔聖人差不多嗎？其實是相似而絕不相同。差不多可不夠，將柏拉圖所有的思想觀點一一列舉出

來，就會發現不成體系，都是東一句西一句，這一篇寫現實世界是更高層次世界的投影，下一部著作就把這個否定了，沒有完整的體系。而蘇格拉底、柏拉圖、亞里斯多德，師徒三人其實都是這麼回事，全是碎片。亞里斯多德在音樂、文學、藝術、物理、自然科學方方面面都有涉獵，但都是碎片，沒有完全的整合一起，沒有合一而成為道。而且他們之間亦是如此，柏拉圖否定了蘇格拉底的一套觀點，提出了自己的一套思想，而後亞里斯多德又否定了柏拉圖，再提出自己的一套理論，這就是西方的否定之否定，否定前輩、否定先祖，以此為動力尋求發展。

中華不一樣，我們絕不否定先祖，我們各朝各代、各個階段的聖人、大智慧者，不會否定先祖的智慧體系，不會否定師父的傳承，而是先認可師父、認可師門、認可法門的傳承，然後再考慮如何在此基礎上發揮，這才是中華的文明傳承脈絡。因此所謂法祖，是我們中華特有的信仰，西方並沒有，世界各民族中只有中華民族有，所以中華文明傳承了上萬年都不會斷。

但是近百年來沒有了傳承，我們現在要打破傳統、打破老祖宗的智慧體系，摧毀、消滅舊世界，在文化上發起革命，要創新建立新世界。正如那個形象的比喻，給孩子

洗澡，洗澡水是髒的，結果倒洗澡水時把孩子也倒出去了。而我們現在講授這些，就是要把孩子重新抱回來，因為洗澡水倒進陰溝裏，孩子也倒進陰溝裏去了，所以現在我們要到陰溝裏找孩子，即使都是淤泥，都是黑暗，不知道孩子在哪兒，我們還是要挖開陰溝，在黑暗淤泥中把我們的孩子找回來，有了孩子我們就能傳承，那是我們這套智慧的精髓。如果這一代我們再找不到孩子，就再也沒有傳承了，每個歷史階段就這一個孩子，我們要找到他，好好保護他。

1279 年之前，我們的孩子是健康強壯的，1279 年開始衰落，到現在孩子已經奄奄一息、病入膏肓了，之前是我們把衰弱的孩子當洗澡水倒進了陰溝，我們現在就要把孩子找回來，重新洗乾淨，再一點一點的餵養，讓他接觸陽光、大地、水，接受能量，讓他獲得正能量，活下來康復起來，重新強壯起來，這就是中華民族的復興、崛起，就是這個過程。

# 第三節

# 樂以教化上乘昇華下乘靡靡
# 平常日用心腦合一奇蹟降臨

　　六藝的樂對於古人，其實不是用於娛樂，而是用於教化的。周初教化國子即精英，樂是十二種教化方式之一，「施十有二教焉」，樂是第四種。古今中外進行一下對比，西方聖人看待音樂，比如柏拉圖評價音樂，其實也都一回事。柏拉圖認為，音樂的功能體現在社會教育方面，對人能起到道德規範的作用，而不是在享受和娛樂方面，要警惕不適度的音樂對人的腐蝕。柏拉圖所說的這一段話，現在多少音樂人都看不懂，都不知道音樂到底是用來做什麼的。現在所謂的音樂人，都認為音樂是用於取悅人，所以把音樂人稱為藝人，其實在社會上地位並不高，可能成為明星，粉絲無數，賺錢很容易，但是只有這些並不行，大家還都覺得是個藝人、是表演者、是取悅眾生的。其實這是對音樂的一種偏見，並不是那麼回事。

　　古代的聖人，柏拉圖和孔子基本上是同時代的人，孔子視音樂為六藝之一，非常看重音樂，把樂上升為溝通之道，蘊含著很深的含義。樂中有陰陽、有五行、有象數，

樂中有大學問，但是唯一不應該的就是把樂當成娛樂。孔子述而不作，所有對樂的認知、看法、觀念，都來自於周初，也就是夏商周三聖時代，而且當作教化之道非常重要的一部分。無獨有偶，柏拉圖看待音樂的功能，體現在社會教育方面，與孔子的看法是一致的，而且明確提出，音樂對人起到的是道德規範的作用，並不是在享受或娛樂方面。

現在的音樂幾乎全是在享受和娛樂方面起作用。現在的音樂，何以用於教化？與道德規範有何相通之處？對於教化、教育、道德規範等方面，有何作用關係？現代人是不是只有柏拉圖提出來了，千萬不要把音樂當成娛樂享受，不適度的音樂是對人性的腐蝕，現在的搖滾樂，人一搖起來就忘情了，好像脫離了一切的煩惱，全都煙消雲散了，但音樂一停，該煩惱還是煩惱，回到現實世界中該什麼樣還是什麼樣，能有何改變？真正的音樂發揮的是教化作用，以及道德規範的作用，聽到音樂或者彈奏音樂，自己就會昇華。透過音樂就真的能實現解除自己的疑惑、自己現實的痛苦，而且在解除現實困惑、痛苦的同時，心也在昇華，人也趨向於圓滿。

有人認為不可能，所以我們要講的，也是讓大家修學

的，即是音樂有上乘、中乘、下乘之分。要知道現在所有的音樂都是下乘之音，即所謂腐蝕性的音樂，是用於享受和娛樂的，所以也稱為靡靡之音，為什麼叫靡靡之音呢？並不只是唱的歌特別誘惑人才稱為靡靡之音，而是現在所有中西方音樂，全都是靡靡之音，都是腐蝕性的音樂，即下乘的音樂，只會把人不斷的帶向墮落，根本起不到教人昇華、使人圓滿的作用。

真正上乘的音樂是與天地相合的，揭示著天之道與地之規，以及人之昇華，透過音樂都能起作用。真正上乘的音樂還有療癒、修復、使人圓滿的作用。何謂療癒和修復？即所謂有漏，現實中由於人的知見觀念問題，由於對宇宙自然規律的不認識，就有了太多的錯知錯見，導致一生的命運走向了歧途或者出現諸多的不幸，自己的命運是誰安排的？外面沒有上帝會安排你的命運，外面沒有觀音菩薩安排你的命運，也沒有閻王爺的生死簿決定你的一切，一定要記住，你自己的命運只掌握在自己手裏。

有人不敢相信，「老師，這話聽著有道理，但是不知道我為什麼就能掌握自己的命運？我想要幸福，為什麼我這麼不幸？我想要財富，為什麼現實中卻窮困潦倒？我想要健康的身體，為什麼疾病纏身？您說我的命運掌握在我

自己手裏，那我想要的為什麼要不到？」

這就是修行的意義。為什麼修行？就是要清楚這些。這些問題都清楚後，就能知道為什麼說你自己安排自己的命運，主宰著自己的命運，甚至能夠掌握如何改變命運，安排命運，這才是我們真正修行的正途。其實，最淺表的理解，就是你的命運是由自己的觀念、知見決定的，意思是你天天想要發財，你真的認為自己能夠發財嗎？想要和認為能夠是兩回事，比如你天天想要幸福，但你心裏真的認同自己能夠得到幸福嗎？再者，你天天想要發財，大財真的來到時，你會不會恐懼呢？你天天想要幸福，幸福真正來臨時，你會不會逃避呢？記住一句話，現實中越是想要什麼，其實自己內心深處就越怕、越恐懼什麼。

天天想要發財，結果這麼多年也沒有發財，原因一定是你的內心中對發大財有極度的恐懼，所以財一直不來。天天想要幸福，想要美滿的婚姻，卻總是得不到，那你的內心深處最害怕、最恐懼的就是幸福和美滿的婚姻。好好理解，如果不把內心中的恐懼化解掉，永遠都不可能要到你想要的結果，甚至即使財來到你面前，你都會自己把眼睛遮住不敢看，財向你奔湧而來，你也一定飛快的逃命，天天想要幸福，當幸福真正到你眼前的時候，你就會像見

到妖魔鬼怪一樣，拼命的逃跑。你內心深處的知見和觀念，內心深處看到財富與幸福的樣子，和你腦中想要的是不統一的，所以現實中才沒有。如果心中沒有恐懼，想要的東西早就來了，心腦一旦合一，想要什麼現實中立刻就來什麼。

有人不理解，「不對啊，老師！我天天想要發財，我天天想讓財來，我怎麼會怕財呢？」

這就涉及到真正的修行了，其中有很多的理，真正要講通不是一本書就能實現的，而且都是密授弟子的真傳。在此，你就順著這個思路想，也許理解，也許不理解，這要看個人的悟性。在此我先把結論告訴大家，悟性高的自去領悟。這都是我們的祖先告訴我們的真諦、規律，亦即是孔聖人告訴我們，人越想要什麼就越怕什麼。要清楚這句話，不要反過來理解，不是越怕什麼就越想要什麼，而是越想要的現實中反而沒得到。其實得到了你就不想要了，所謂想要，意思就是天天想但還沒來。

一定要記住，越想要的其實一定是你自己越怕的。如果不怕肯定就來了，就要到了。現實中越去爭取的，內心裏就越害怕，不怕就肯定爭取到了。現實中天天拼命的爭取幸福，天天討好美女，就怕得不到幸福，心中是不是一

定堅信自己得不到幸福，現實中才會拼命爭取。如果心中堅信一定會有幸福，現實還會拚命爭取嗎？該來的時候一定自然會來。堅信幸福的婚姻一定會來，那還討好什麼、爭搶什麼，靜待時機到來就好；堅信自己一定能發大財，只是時間關係，那現實中時間一到就一定能發財，那還天天拚命爭什麼，靜等肯定也能發財。其實，天天拼命要爭的，就是內心絕不相信自己會有的，這樣才會拼命去爭，是意識上拼命的爭，心裏卻不認同、恐懼、逃避、排斥，這就是所謂心腦不合一，就是所有痛苦的根源。

何謂修行？修行為何？就是為了修到一種境界，謂之天人合一。一旦達到天人合一，就能夠心想事成，天即是心，人即是腦，天人合一即是心腦合一，一旦心腦合一，想要什麼就來什麼。告訴大家，六藝練的就是天人合一，六藝的每一藝都在練天人合一，從禮開始練的就是如何心腦合一，樂是溝通之道，也是練心腦合一，射即腦中意識想箭箭射中靶心，但為什麼腦中想著、眼睛盯著靶心，一箭射出去卻射到了靶外？就是心腦不合一。心腦一旦真正合一，看不看靶子都會箭箭射中靶心，就是這個理。所謂一箭射出，究竟射到哪兒，是由心決定的，還是由腦決定的？這就是射之理，亦即是成功之道，之後講射的時候會深入講解。

現在為什麼不能成功？天天在準備，天天想發財，天天發誓要發財，為何這麼多年沒有發財？甚至一發財就會出禍事，賺的錢就得花出去，為什麼？其實都是自己心中對財富的恐懼。就像射箭時，眼睛死死的盯著靶心，腦中意識一定要射中靶心，但是一箭射出去，偏離靶心甚遠，就是因為腦中天天想要射中靶心，時時刻刻都想射中靶心，但是心是恐懼的，心中害怕，千萬別射中靶心，離靶心越遠越好。所以，射亦稱成功之道，真正的成功之道也是練習心腦合一，亦即是天人合一。

其實所有的六藝都是在練習心腦合一，管理也是一樣。書即所謂六種造字法，為什麼要練習書法、練習繪畫？都是要做到心腦合一。學到數的時候，是教我們宇宙自然的規律、定理、定律，其實也是在教我們心腦合一。修行修什麼？打坐能達到心腦合一嗎？我並不是說打坐全都不對，也不是不提倡打坐，我的弟子一上山學習，我首先教弟子打坐，但是現在市面上的打坐入定、超級冥想、聽呼吸止念頭，那可與我教的打坐完全不一樣。我教弟子打坐就是在教如何心腦合一，不要以為打坐就是盤腿一坐，其實在講課時是在打坐，寫文章是在打坐，工作中也是在打坐，陪妻兒看電影也是在打坐，陪孩子學習也是在打坐。

真正的修行就在平常日用中，而不是每天專門用多少時間去修。那不是真修行，就是所謂的假修。真正的打坐沒有出坐入坐，沒有出定入定。有出定、有入定，就是不究竟。時時刻刻在打坐中的境界，就是時時刻刻都處在心腦合一的境界。這就是修行的起修處，心腦真正合一了，就真的心想事成了，再看如果現實中想要什麼會不會立刻就有。

何謂奇蹟，是否相信奇蹟？如果不相信有奇蹟，那奇蹟永遠不會光臨，為何旁邊的親朋好友、其他眾人，總有各種奇蹟、各種貴人相助、各種不可思議，既有幸福又有富貴，卻總是不發生在自己的身上？都是從小一起長大的兒時玩伴，她方方面面都不如你，口才不如你、能力不如你、情商智商都不如你，就是有好運氣，總是天上掉餡餅，想結婚時就偶遇白馬王子就要娶她。你還納悶，她方方面面都不如自己，長成那樣子白馬王子竟然看中她，不僅一見鍾情，而且一往情深、專一不二，一生過得都很幸福，後來老公功成名就，孩子聰明伶俐、全面發展。然而，自己為什麼沒有遇到這樣的老公、這樣的幸福呢？

你心中相信一定會遇到愛你一輩子的好老公嗎？相信奇蹟會落到自己身上嗎？相信天上掉餡餅會落在你身上

嗎？別人都有各種奇蹟，你身上為何沒有？因為你的知見、觀念中，一定不相信會有奇蹟降臨，即使有奇蹟出現，你也不相信會落在你自己的身上。何謂真正的心腦合一？就是你相信什麼，現實中就有什麼。關鍵是你真的相信嗎？問問自己，真的相信自己能發財嗎？好好問問自己，真的相信會有幸福美滿的家庭嗎？所有婚姻不幸的人，在其知見、觀念中，一定有不幸的模式存在，此即是你的命運由你自己決定。如何決定自己的命運？記住這句話，真正相信自己會有什麼，你的世界就會給你什麼。

有人接著說：「老師，我只要相信，就一定能發大財嗎？現實中不努力也能發大財？」

不是所有發財的人都是現實努力得來的。其實，當你這麼問的時候，還是不相信奇蹟，你所相信的是一定要通過自己的拼搏努力、歷經磨難，才能發財。所以，你的現實、你的命運就一定是多舛的，一定是諸多磨難的，你就一定得經過拼命的努力，才有可能獲得成功。而剛才是在問，你真的相信躺在家裏，天上就會掉下大餡餅來嗎？相信一大筆財富會無緣無故的落在你身上嗎？

有人說：「老師，如果大家都這樣相信，社會就別進步了，大家都躺在家裏相信去了。」

你的擔心是錯的。真的相信躺在家裏，財富就會降臨的人，就是所謂的天人，記住天人就是這樣的，天人相信自己餓了就有精美的食物送到面前，不管如何送來的，都相信一定會有；天人需要華麗衣服的時候，想要什麼衣服自然就會有，此即謂飯來張口，衣來伸手。甚至想要巨大的財富，一座座金山都會出現在面前，這才是真正的天人。而人就是從天人墮落下來的，已經不相信了，質疑了，想要精美的食物能來嗎？什麼方式來啊？不可能的。

　　人相信的是：「要得到精美的食物，首先我得賺到錢，所以我得努力工作，得歷經磨難，忍受委屈，才能賺到錢。賺到錢以後，還得去購買食物，不能買太貴的，交錢買到食物，得到飯店裏吃，或者得有外賣送過來，我才能吃到食物。」

　　因為你相信的是這些，所以你的命運就這樣為你安排。大家好好理解這一部分，這已經涉及到了修行的祕密，而這些全都是夏、商、周時期，在六藝中教授的，但是現在這些都失傳了。現在有哪所學校，能教七到十五歲的孩子這些？

# 第四節

## 樂之高境界無聲勝有聲
## 語調聲音樂是詩之延續

現在我正在講六藝之樂，不要再疑問我講樂時好像沒提到幾次樂，我們多次強調了，禮、樂、射、御、書、數，其實講的都是一件事，我在講樂時，其實也把其他的五藝都講了。換言之，我講其他五藝的時候，其實也是在講樂，都是一個整體，不能分割。六藝包括六經，以及儒學十三經、佛法、道法，千經萬律都在講這一件事，心腦合一，亦即是天人合一。

道生一，一才能生二，二再生三，三繼續生出萬物，而真正修道，一定是從萬物歸三，三重新歸二，二再歸一，這時離道就不遠了，道即是圓滿。當修到一的時候，就接近圓滿了，所以謂之順則成人，逆則成仙。順即是道生一，一生二，二生三，三生萬物；而要想成仙，意即是回歸於道，那就要從紛繁複雜的萬千世界中回歸於三，三再回歸於二，二回歸於一，此時即是天人合一之時，離道就不遠了，此謂逆則成仙。

這是否是樂所講授的呢？樂即溝通之道，是不是心腦合一之道呢？心腦合一與學習六藝之樂有何關係呢？我們所講的樂是廣義之樂，亦即是溝通之道，是以波、以行、以聲入心之道。樂即溝通之道，即是入心之道，入什麼心？如何入心？就是樂所傳授的。語言也屬於樂的一部分，能掌握、會溝通嗎？這就是我們學習的六藝之樂。

有人還是有疑問，「老師，您為何不講音樂、樂器？」

那是昇華的溝通之道。然而要講昇華的、上乘的溝通之道，首先必須得知道樂的基礎，明白其真實的含義、真正的基礎，然後才能知道音樂應該怎麼用，樂器的意義是什麼，發出的音律如何才能有效。無論是手撫古琴、彈奏吉他，還是吹奏洞簫，要知道為什麼吹，哪幾個音組合，為什麼有些組合動聽、打動人心，有些組合就是噪音。一定要明白，所有的樂，無論樂器與聲樂，發出的聲音都不是為了享受和娛樂的，清楚這一點，方向就不會錯，都是用於教化、用於道德規範、用於使人昇華的。我們講的都是這一點，其實句句不離樂，而且一個樂字講了這麼多，五藝就已經包括其中，都是一個整體。

東西方比較後發現，中華的聖人和西方的聖人，不僅宇宙結構的認識有共通之處，對樂的認知上也有共同之處，

前面講了柏拉圖的看法，亞里斯多德同樣也認為音樂的道德作用和教化作用尤為重要，音樂的教育作用比愉悅作用更重要，即所謂聖人所見略同。而樂在夏商周時期用於教化，這可不是我說的。夏商周時期都不是用於享受和娛樂的，所以真正做音樂最忌諱的就是靡靡之音，即是腐蝕之音。所謂腐蝕之音，即樂器奏起以後讓大家忘形，讓大家陶醉，把人的情緒控制了，而後讓人上癮，即稱為靡靡之音。我們的音樂千萬不要走到這條路上去，那就把自己當成藝人，就是供大家娛樂的人，不是正道。取悅眾生，讓眾生醉心娛樂，就會把眾生帶入邪途。

有人問：「老師，我明白了。但什麼樣的音樂才能有教化作用？才有使人昇華的作用，修復的作用呢？」

樂本身就能夠療癒，本身就能夠修復，本身就能給人的身心帶向圓滿。我們講的是廣義的樂，不僅僅是音樂，彈吉他、吹簫、撫琴能療癒，能修復。當然樂器奏出的音樂本身就是樂的昇華，是高境界的樂，一定有療癒、修復的作用，而廣義的樂即溝通之道，其中最重要的是微語言，亦即是肢體語言，尤其是我們的眼神，肢體語言占整個溝通資訊55%的比重。所以，前面首先強調了如何練習眼神，讓眼睛會說話，記住這也是樂的一部分，不要以為沒有聲

音就不是樂，廣義之樂不一定都有聲音，即所謂此處無聲勝有聲。眼神就有療癒的作用，就有修復的作用，就有使人身心圓滿的作用。

然而，知道如何練嗎？知道練習的方法嗎？你曾經練過眼神嗎？你想過要練你的眼神嗎？如果沒有明師指點，可能一輩子都想不到，眼神居然還能作為工具用以療癒和修復。其實所謂的情商真正體現在哪裏？不要以為情商就是花言巧語，更不要以為情商就是見人說人話，見鬼說鬼話，說話水平到這種程度的時候，已經落入下乘了，水準很低了。真正的大智慧者話很少，即大智者若愚；發出真正大的聲音，是聽不見的，即大音希聲，大象無形。

我們現在講授的是高境界的溝通之道，真正大智慧的人不用說多少話，他的眼神、肢體語言已經有很大的作用。我們要從這裏開始練，真正的修行就在平常日用中。天天想著打坐，卻不知自己是否會打坐，應該如何打坐？聽呼吸止念頭不是真正的打坐，《六祖壇經》中明確的寫著，一味空心靜坐，百物不思，最後結果就會成癲，人會瘋的。沒有明師指點自己不要打坐，不要起修，起修即是錯。

我們正在講樂即溝通之道，高境界就是練眼神、練習肢體語言。其實練眼神就是練心，讓眼睛會說話，眼睛再

配合整個形體。公司員工大會當你步入會場時，沒開口就已經跟大家說話了，大家從你的眼神中、形體上，已經感受到你的內心，當你真正開口說話時，大家已經對你有明確認識了，三十秒就已經足夠大家認識你了。走到會場中間，站定後環顧四周的人們，三十秒後周圍的人對你 80% 的印象就已經確認了，之後開口說話僅是在做剩餘 20% 的努力，根本改變不了幾個人。

為什麼禮是六藝的第一位，禮是誠敬、是心態的呈現，那麼禮是不是就在練習最高境界的溝通之道，練習眼神、形體，即所謂肢體語言。如果大家相見後，都能很適度、特別恰當的行禮，眼神非常的誠敬、非常的虔誠，既不輕蔑、不屑，又沒有諂媚，即所謂不卑不亢、有理有據有節，亦即是有度。因此，禮練習的就是最高境界的肢體語言，越練越純熟，亦即是最高的樂。此處要真正好好的體會。

我們講解六藝之樂，一定要知道溝通之道如何練，就是要從肢體的微語言、尤其是眼神開始練，然後再練聲音。而聲音也不是僅指語言，口說語言只是發聲的一部分。我們是否練過聲音？一兩歲時開始牙牙學語，然而能發聲與會發聲可不是同一個概念。問過自己真的會發聲音嗎？會說話嗎？會發聲後才是會說話，發聲既可以是說話，也可

以是唱歌，還可以是罵人、怒吼，關鍵是真的會嗎？會說話、會唱歌、會罵人、會怒吼嗎？如果只是能，那和會是兩個概念。會說話的人開口就能吸引人，說什麼話大家都愛聽，人們千里迢迢、千辛萬苦來到他的面前，就是想聽一聽他的聲音，這才是真正的會說話，會說話的前提是會發聲。

這些都是樂的一部分。天天與人溝通，認為自己會說話，覺得自己說話大家都愛聽，其實不一定，大家為什麼愛聽？只說自己認為大家願意聽的話，大家喜歡聽什麼話就說什麼話，或者只說鼓勵大家的話。其實不然，別人愛聽什麼話你未必真正知道？例如，女人都愛美、喜歡瘦，你看見一個覺得自己很胖的女人，就對人說她身材苗條，人家可能覺得你在羞辱她、嘲笑她。並不是你以為別人愛聽你就說，那只是你以為，其實並不是那麼回事。

如果認為就是應該，別人愛聽什麼自己就說什麼，那就是認為語言的內容是最重要的，認為別人愛聽某些內容，自己就說什麼內容，比如領導愛聽歷史哲學的內容，那我就跟領導聊歷史、說哲學，最後發現自己說了很多，領導也並不愛聽，而一個話不多、憨憨厚厚、甚至不知道如何說話的人，領導反而很喜歡。現實中常常有這樣的狀況，

都是自己以為，所以就得先放下所謂的「我以為」。

　　具體如何做？即是我們講的，溝通之道的三個方面，一是肢體語言，占有效溝通訊息比重的 55%，二是語音語調，占比 38%，第三位即真正所謂語言的內容，占比只有 7%。真正有效的溝通、入心的溝通，語言內容只占 7%。真正意義的溝通中，最不重要的就是內容，而我們現在所有人，基本上把溝通的方向都傾向於內容的編織，根本沒有注意語音語調，更沒有注意過眼神和肢體語言。說話不敢看人，眼睛一掃而過，馬上 55% 的好印象就沒有了，開口說話聲音沙啞乾癟、不悅耳，或者平鋪直敘沒有節奏，更加沒人愛聽，往往話還沒說完，人都不願意聽就走開了。

　　真正的樂、真正的溝通練的是什麼？就是要練習會說話、會發聲、會入心。我首先講授了這麼多眼神和肢體語言的重要性和練習方法，就是在教大家入心之道，即最有效的溝通方式；而後是語音語調的練習，僅占有效溝通的 38%；最後才是說話的內容，僅僅占 7%。這是樂的基礎部分，這些講完以後，再講音樂、樂器的樂，那是昇華的樂，這樣才是完整的樂。

　　練習語音語調，學會發聲也很急需、很緊迫，然而問題在於你真正練過、學過發聲嗎？

有人回答：「老師，我又不是音樂家，練什麼發聲啊？我也不會練。音樂家都是清晨就到戶外，在公園裏或者山坡高臺之上發聲，那才是練習發聲。」

這樣認為是錯的，那不是我們所說的發聲，那是專業的音樂聲樂，為了練習唱歌、朗誦。我們講的並不是這種發聲，但我們講的發聲練習，的確是溝通之道中非常重要的重中之重。所謂發聲即是語音語調，我們每天都在用，只要開口說話就得發聲，然而為何有人發聲說話，大家都願意聽，有的人發聲說話，還沒說完大家都跑了，關鍵在於有沒有練過語音語調，這是樂的重要部分。下面會與樂器、聲音一起，詳細深入的為大家講解，古人是如何練語音語調的。

接著我們講昇華的聲音，夏商周時的古人如何練習聲音？現在所謂的吊嗓子、練聲，那都是專業唱歌的人，古人不那樣練，古人練習聲音，首先要了解並記住樂是從何而來，音樂是詩的延續，樂器也是詩的延續，亦即是《詩經》的延續，即所謂以詩配樂，這才是樂器、音樂、樂曲產生的根源。《詩經》包括孔子十五國采風得來的詩，謂之風；各國宮廷殿堂之上配樂的詩，謂之雅；古人最重視祭祀，各國祭祀時頌讀的詩，謂之頌，如此匯集 305 首詩，

形成了由風雅頌三部分構成的《詩經》。

現在的音樂都是抒情，先是有一段戀情，後來愛人意外去世，特別悲傷，寫一段歌詞，配上樂曲，將這一段心情抒發出來。然而，古人以詩配樂，古人之詩可不是現代人寫的白話詩，白話詩不僅讀起來沒什麼味道，而且根本不能流傳，當下的人都不願意讀，甚至自己的家人孩子都不願意讀，談何流傳，因此白話詩不能稱之為詩，不外乎押韻的順口溜。為什麼寫不出可以流傳的詩，就是因為不知道真正的詩是何內涵。

有人不認同說：「老師，您說的不對！現代人怎能不會寫詩呢？詩不都是人一首一首的，有所感悟而寫出來的嗎？」

其實不然。詩並不是人寫出來的，其實人寫出來的就不能稱之為詩了，只是抒發悲涼的情感，可以稱為無病呻吟或是激憤，不外乎無端的吶喊，如何敢稱作是寫詩？孔子是否寫過詩？沒有。為何孔子沒寫過詩？因為詩本身就不是人所寫的，要清楚這一點，人寫不出詩，真正的詩根本不是人能寫出來的。

有人不理解，「老師，古今中外那麼多的詩人，著名的唐詩上萬首，不都是唐朝的詩人寫的嗎？」

我們現在所謂的唐詩，其實本不能稱之為詩，唐朝時詩早已沒落，也不外乎情緒的抒發而已，根本就沒有真正詩的意境，沒有真正詩的內涵了。這一點真的必須好好講解一下，現在我們在講樂，但首先要告訴大家何為真正的詩，然後才能教大家如何練聲，亦即是詩和聲有何關係，又與象數有何關係，進而與陰陽五行有何關係，與宇宙自然的規律究竟是什麼關係。

　　首先，我們感覺唐詩與陰陽、五行、八卦的規律有沒有關係？現在寫的白話詩，以及唐詩、宋詞、元曲，都已經與宇宙自然的規律沒有關係了，都是人創作出來的，所以不能稱之為詩，無病呻吟、抒情激憤，不外乎情緒的發洩，已經沒有內涵，尤其是現在的白話詩，完全無法流傳。但是《詩經》萬古相傳，承載的是中華文化中巨大的奧祕，此即為何六經以《詩經》為首，而《易經》雖是萬經之首，如此重要，也不可以放在前面，因為《易經》之所有也是源自於詩。

　　現在六經之中最不受重視的反而就是《詩經》，因為現代人不懂《詩經》，不知道《詩經》到底為我們呈現了什麼。實際上，禮離不開詩、樂離不開詩，射離不開詩，御離不開詩，書離不開詩，數也離不開詩。

第八章

樂開心門入道圓滿自身

強者六藝智慧力量勇氣

## 第一節

# 國學有道有術六藝落地實現
# 得道昇華先學誠敬做人做事

　　六藝因其重要，我們儘量講得詳細一些，越是重要的越要反覆強調。現在我們還是在講樂，也就是六藝之禮、樂、射、御、書、數的第二藝，講得如此之細是因為六藝已經失傳。

　　大家都很納悶，這麼好的六藝怎麼能失傳呢！然而事實上，中華民族的優秀傳統基本上都快失傳殆盡了，這就是民族的悲哀，是中華文明的悲哀。六藝中蘊含的就是儒學落地的內容，孔子開創儒學體系，廣開教化之門，傳授教養之道，就是為了培養國之精英，以經邦濟世之學，讓中華民族的精英從小就開始受教真功夫、真本事，學會宇宙自然的規律，能夠運用和掌握宇宙自然的規律，之後能夠立德、立功、立言，懂得為人處事之道，實現功成名就，以及很好的傳承。這就是聖人三不朽的事業，是聖人孜孜

以求的偉業，孔聖人就想以儒學體系教化眾生，使大家都能走向至賢至聖之道，這就是聖人的良苦用心。

六藝本身就是儒學體系中經邦濟世之道，是現實的落地應用之術，其內含之理都在儒學十三經的經典中。六藝失傳了，落地實現的術都在六藝中，僅僅留下經典之理，又有何意義？現代人只是看經典，怎能看得明白，根本不知道經典所講的為人處事之道。所以，宋末元初以後，中華的科舉制，亦即是中華的精英培訓、精英教化，就已經落入文字的教化。當我們只有文字教化，卻不知道這套文字、經典如何應用的時候，我們中華的文明文化體系就開始沒落了，一直到現在已經沒落到極點，文明文化已經落入深淵、墜到谷底了。

中華文明能否再次崛起，文明之光能否再次照耀中華大地？前面我們一再講，關鍵看我們這一代能不能把上古神授的文明挖掘出來、恢復起來，復興的重任就在我們這一代人身上。我們現在講解六藝之樂，不僅僅是講一個樂，我一直強調，中華的文明體系是整體性的，不會割裂，不是碎片，與西方那套思維模式和行為模式完全不一樣，甚

至基本上都是對立的。為什麼？因為我們根上的信仰體系，是神授的文明。西方也是神授的文明，但是沒有留傳下來，西方的神不傳他們，而是只讓他們拜神。

中華的上古之神把這一套文明體系，教給了我們最原始的先祖。本來我們是動物，如何從動物變成人的？並不是進化的，達爾文的進化論早已被否定了，他在世的時候，自己也並未相信進化論，他自己都知道進化論是有缺陷的，不可以作為完整的、成體系的學說面世，但是後來他的進化論被人利用了。而人之所以脫離了動物，其實與上古之神有直接的關係，是上古之神教化我們，把對宇宙自然成體系的認識、宇宙的真相及其運行規律教授給我們，不是讓我們去拜他們這些神，而是讓我們去認知、感受、學習、掌握、把控宇宙的規律。上古之神讓中華的先祖去崇拜、信仰「道」，而不是去信仰或者崇拜某一個神，這是中華信仰形成的基礎，與西方截然不同。

我們再強調一下先前所說，孔聖人教化眾生的這套儒學體系，都源自於夏、商、周及上古時期的成型體系，原封不動直接應用，沒有自己的發明和創造。整個儒學體系，

就是夏商周三聖時代留傳下來的重要經典、天地規律，經由孔子的歸納總結，變成落地的文字而形成的，也形成了整個中華文明。比如，中醫也是在這一整套理論體系、文化體系下，所形成的治療身體疾病的方法和手段，亦即是術。中華的一切技能、一切落地的方法、一切神奇的數術，都是在一個理論體系下不斷的延伸，從而形成落地之術，亦即是落地應用的方法和手段，這是中華文明的特點特性。

我們要學習國學，然而究竟何謂國學？大家只會想到文字經典，但這完全沒有理解國學，真正的國學就是上古神授的一整套理論體系，以及落地運行方法。落地方法我們稱之為經邦濟世之學、實際應用之術，這套理論體系我們稱之為道，有道有術，才是做人做事以及傳承的根基所在。有道無術，就是空有道理，不知如何應用，那不能稱為經邦濟世之學；有術無道，則是只知方法和手段，卻不知道，亦即是只曉得做而不知為何這樣做，不通理則必入邪門，必然會走偏。

現實中很多神通者、特異功能者，就只有術，但是不通理，只知道師父教他的術，這幾招治病特別靈，那幾招

處理企業問題特別靈，只會幾招術，但是理不通的人，即是所謂旁門左道，走入了邪途。所以，學習這套體系不可以只是學習術，比如行醫之術也是一樣，學醫更講究有道有術，最忌諱的就是術不入道，也就是學了幾招絕技，會幾樣神通，卻不通理。如此旁門左道，看似神奇但不能去學，學了之後的下場基本上都不好，看似好像是治病救人，甚至救人無數，但是術不入道，理不通就圓滿不了，如此術用的越靈，對本人和子孫的傷害越大。

有人覺得難以理解，「老師，這到底是什麼理？為什麼這麼說呢？」

這裏面的理太深了，只會術不通道，只會用不知理，就是偏門、不平衡。打破了自身的平衡，又打破了別人的平衡，其實就是打破了宇宙自然的平衡。這種狀態下，即使把別人的病治好了，把別人的災難破了，後面治病破災者和被救治者，兩人都會受到巨大的反噬。所以，江湖中的旁門左道，經常這樣做的後果、下場就是所謂的缺一門，即鰥、寡、孤、獨、殘、貧、夭，必缺其中一門或幾門。

有些人看風水感覺很準，掌握了這門技能，肯定飛黃騰達，至少家纏萬貫沒有問題。其實不然，歷史上很多掌握這門技能的人，指點別人家的龍脈龍穴，看別人家的風水、陰宅都很厲害，自己卻窮困潦倒，給他再多的金銀財富，他也享受不了，因為他占了缺一門中的「貧」。意思就是，他並不是沒有賺錢的能力和技能，他掌握的技能是別人求之不得的，給別人家指點一下祖墳，那家何止富三代、貴三代，但是給別人指點特別靈，自己卻不行，只能在街邊討飯，即使給他萬兩黃金，到了他的手裏，立刻就有災出現，他就必須把這些黃金破掉，或者有牢獄之災、有疾病之災、有意外之災。何謂天災？這些就是典型的天災。

　　歷史上很多這種典型的偏門，修偏了即所謂術不入道，打破了宇宙自然的平衡，所以天道自會反噬於他，結局慘得很，有的貧、有的殘。看似神奇，有神通，結果不僅自己缺一門，子孫也都跟著遭殃、受難，多少代都不圓滿。因此，這些偏門，修不如不修。有向道之心，有修行的意願，天天嚮往修行沒有問題，人人都有嚮往。尤其中華大

地上的人，都心向菩提，能夠生在中華大地之上的人，都有巨大的緣，與上古文明、上古之神都有很深的緣，所以真正生在我中華大地的人，骨子裏、DNA 基因中，都是心向菩提，都是嚮往修行，而且人人都是這樣，即使是十惡不赦之人也一樣。

但是，走上修行這條路一定得慎重，未遇明師不可隨意修行。現在世上邪師遍地，並不是所有教人修行的師父都是邪師，但邪師自己也不知道自己是邪師，都覺得自己在傳道、授業、解惑，自己在傳神奇的術，能治病救人，功德無量。但是，自己不知道自己為何貧，不知道自己因何殘，更不知道為什麼會早夭，此即謂不入道，不入道的人怎能是明師呢？

明師首先必須入道，傳的就是道，而後才是授業，業即經邦濟世之學。不通道就授業，所授之業怎麼可能是圓滿的業，是陰陽平衡的業？一切都得從道入門，不入大道之門，所學的神奇神通，一用必偏。認為身上的腫瘤是敵人，有神奇的法術就可以把腫瘤從身上抓出來、化掉、滅掉，看似很厲害，好像是救治了病人，結果卻受到巨大的

反噬，其中的道理非常之深。

有人疑問：「老師，這不是功德嗎？把別人的病治好了，伸手就把腫瘤處理掉了，這應該是功德，子孫也應該享受功德福報啊。為什麼會鰥、寡、孤、獨、殘、貧、夭呢？怎麼可能下場都不好，甚至子孫都不好？這是為什麼？」

因為不通道。是否通道的區別就在於，通道之人永遠都不會把人身體上的疾病當作敵人，永遠不會直接處理所謂疾病的症狀本身；而不通道之人則一定是把疾病、症狀、身體的疼痛、身體上的腫瘤、身體中所謂不好的器官當作敵人，以消滅症狀為首要目標，有時為了消滅症狀，甚至會把器官摘掉、割除，不是化解而是針對、對立、對抗，甚至是消除、消滅，這就是通道與不通道的區別所在。得道之人必是讓人從疾病中、從現實的症狀中，知道病症為什麼出現、病症的意義在哪裏、病症提醒了我們什麼，然後透過症狀給我們的提醒，指點人實現昇華。

其實，每一個腫瘤、癌細胞都不是敵人，都是提醒所謂病人在某一方面要進化、要昇華，不能再墮落了，得病

之人的認知、觀念、思維模式，以及形成的行為模式，已經不符合天道地規了，要改變。這才是疾病和症狀帶給我們的意義，包括貧窮、低賤本身也是病症。身體上的病只是狹義的病，身體的疼痛，長了腫瘤，血液、骨骼有問題，偏頭疼、過敏、痛風，這些都是身體疾病的症狀。其實真正的疾病、症狀還可以延伸至身體以外，比如情感不幸是一種病症，沒有錢也是病症；貴是被人尊重，賤則是被人貶低、被小人坑害，所以貧賤也是病症；諸多障礙，做事障礙重重也是病症；如果諸事不順，時時事事都有人陷害，這病得就很厲害。所以病症不一定僅僅是在身體上。

真正得道之人，無論對身體上的病，還是對外面呈現的病，都知道是如何而來的，都不會與這些病症作對，都會從中尋找其意義，反觀以讓自己改變，自己改變的過程就是昇華的過程，昇華了就趨向於圓滿，於是身體內的疾病，以及外面貧窮、低賤、情感不幸、做事不順，自然都會轉化過來，此即謂調心轉運。轉運就是把症狀化解掉，症狀本身不是敵人，而是對我們的提醒，一定要清楚這一點。

因此，無論學中醫，還是學法術，不管學佛，還是學道，都是為了救苦救難。然而救苦救難的門道很多，有正路、有邪路。正路的救苦救難，就剛才講的得道之人走的，透過疾病，透過破災、破難，讓人改變，使人昇華，調整人心，這謂之正道。其實，正邪很好區分，但是在此要告訴大家，現階段真正走正道的明師太少了，基本見不到，世上邪師遍地，所以提醒有緣人認清修行路上的九九八十一難，處處陷阱、處處妖魔，而且不是都能認出來的，妖魔一般都化裝成得道高人、為人師表、道貌岸然、口吐善言、知性、慈悲，看似將人引向善道、正道。沒有孫悟空的火眼金睛，就看不透真相，以為遇到了善人、高僧大德，結果被領入地獄。

然而，正是因為邪師遍地，明師稀少，如果真的有緣遇到明師，而且確定是明師，那拋家捨業都得跟隨明師一生求學，因為那是巨大的機緣，機緣面前千萬不要有任何猶豫。但是如果辨別不清明師，或者沒有遇到明師，那就放下那顆修行之心。沒有火眼金睛怎麼辦？那就好好從儒學體系開始起修，把人先做好，這就是大修行。如何開始

把人做好？就是儒學的教化之道，儒學教化體系小學先識字，之後學《孝經》與《論語》，按照這個步驟學，不僅自己從孝開始起修，同時在現實中推行孝道文化。

孝的前提是禮，無禮則無孝。一個很孝順的人，不可能特別蠻橫無禮；對父母特別有孝道，出門在外、在公司中也不可能特別無禮，心中沒有等級、沒有老闆、沒有君主，目無同事。在外無禮者，在家必無孝，一個人如何對待領導，就一定同樣對待父親。所以孝從禮中來，想修行但沒有明師，那就從禮開始起修，見人多行禮，見父親有父之禮，見母親有母之禮，現在多少人對父親都直呼其名，一點規矩都不懂，如此對待父母，在單位上對領導、對老闆也一定是這樣，覺得好像這樣很親近、不見外，其實這就叫無禮。

所以又合到六藝上了，六藝即是從禮開始起修。禮是孝道的根基，禮修得好、見人行禮，禮度適中到位之人，也就從此起修孝道了。下一步則是修《孝經》所教之「小孝事親，中孝事君，大孝立身」。而且孝有狹義、有廣義，狹義的孝就是對父母之孝，為人把人做好就是先從父母開

始起修，從小孝起修。修對父母之孝，是乖乖聽父母的話，給父母洗腳、做飯，天天陪伴伺候父母嗎？不是的，這只是表面的孝，真正的孝不僅僅是養親，更重要的是敬親，心中對父母是一種真正的敬，這才是真孝。

有些人對父母只是養，但養而不親，每月給父母很多錢，但是不親近、沒有尊敬、沒有敬重，輕視父母，看不起父母給自己的家庭，總覺得爸媽沒有文化、沒有地位、沒有財富，覺得父母就想指望、依靠自己，這種人倒是能養家，但是沒有敬，就不能稱之為孝。然而，敬從何處來？敬從禮中來，誠敬之心是從禮中而來的，還是六藝之禮，這才是真正做人的基礎。而後才是樂，然後才是射，才是御，才是書，最後才是數。六藝即是先學做人，後面再學做事，然後再學宇宙自然的規律。

因此未遇明師之時，先從六藝之禮中得到誠敬的心態，修好、練好心態是做人的根基。逐步小孝事親，中孝事君，尋求大孝立身之時，則必須有明師引路了。但是既不事親，又不事君，在家看父母總有怨氣，在外看領導都是不服，這樣的人遇到明師，明師也不可能教。正理正道是，小孝、

中孝都做到位的人，才有可能得遇明師，明師才有可能在此基礎之上傳授真正的宇宙自然規律、真正的大道之理與大道之術。機緣建立在福報的基礎上，得遇明師入山修道是多麼巨大的福報，必須積德才有福報。天天不孝父母、不忠人事、怨恨嫉妒，這樣的人遇到明師，明師絕不可能教，而且如何對待父母，尤其對待父親，就會如何對待老闆，也就會如何對待師父，就是這個道理。

因此，師父也要看一個人如何對父母、如何對老闆，亦即是衣食父母，就會知道他以後會怎樣對待師父。這一點很重要，所以不要天天只是想著得遇明師，能遇到高人就能學會大小周天，能開天眼，能見神佛、鬼怪，就學會了斬妖除魔、呼風喚雨、撒豆成兵，不要想這些沒用的，想太遠就是妄想，如果人都做不好，談何修行。就算有師父喜歡你，願意教你，如果只教這些，也都是邪術，看似能夠呼風喚雨、撒豆成兵，好像也是奇門遁甲，但是術不入道就會缺一門，那是你真正願意的嗎？我們一定不要把心放得太遠，不要把想法放得太高，可以仰望星空，同時一定要腳踏大地。

永遠不要忘記要腳踏著大地起修，大地就是人倫之道，把人做好了才能通天徹地，人都做不好不要妄談通天徹地，而且教你通天徹地也會學偏，最後也得墜入深淵、落入地獄。所以，未遇明師時，我們要能夠放下心向菩提，可以有菩提心，但是不要太執著，而是要從眼前當下起修，從做人開始起修，從人倫之道開始起修。亦即是由孝起修，而後再修樂，再修射、御、書、數。

有人追問：「老師，沒有明師，《孝經》、六藝自己能修嗎？」這套體系孔聖人已經廣傳於世，漢唐時的孩子都是從此開始起修，真正把六藝修好，成人之後，進入大學再繼續往上修，學習更高深的六經，即詩、書、禮、樂、易、春秋，也就是經邦濟世之學。學習六經時，相當於直接進入實習，直接實現學習如何具體做人、做事。

六藝教的是理、是模擬，而六經則是實習，十五歲成人禮之後，學習六經到十八歲，有的人一直學到二十、三十歲，根據六經、六藝的掌握程度，同時有機緣，有人舉薦，舉薦是在大家認同一個人的品德基礎上，如此六經、六藝學得好，人品又好，就會被舉薦直接入仕做官，成為

一代文臣，或者作為武將，率領千軍萬馬征戰沙場。不需要在社會上再進行實習、歷練，小學和大學兩個階段已經把該學的學習了，該實習的也實習了，進入社會直接就能做事，就能建功立業了。

我們現在是把六藝重新挖掘出來講授，孔子六藝真正的內涵，在我們中華民族的文明史上都是真理大事，然而真理不一定掌握在多數人身上，最知名的教授學者、高僧大德也不一定真正掌握真理，歷史上真理往往掌握在極少數人手中。但是大家要自己感悟，我所講的是否正確合理。因為六藝早已失傳，而儒學體系中為何六藝最早失傳，即是因為六藝太真了，全都是真功夫。而宋以後整個文明體系、文化傾向開始偏向，1279 年以後直接轉折，然後開始沒落，而最開始沒落的一定是最真的，所以六藝最先失傳了。我們現在講的基本上都是已經失傳的，而現在市面上廣為流傳的不是我們的講授內容，那麼多教授學者、高僧大德在講，我再講一遍也沒有意義。

## 第二節
# 樂之目的表達心聲自身圓滿
# 繫辭以盡其言溝通風雨雷電

在此，再次強調一下六藝的重要性，是我們的起修處，因為太重要了需要反覆強調。繼續講授六藝之樂有狹義之樂，有廣義之樂，狹義的樂就是音樂，音樂即是唱歌、用樂器奏樂。而廣義的樂是溝通之道，不僅是人與人之間的溝通之道，而且是人與物之間、人與動植物之間、人與天地之間的溝通之道，繼續上升高度則是靈與靈之間的溝通，那就是高維度的溝通。這些都是六藝之樂這個領域中教我們掌握的，我們還講到了肢體語言，其中真正要修要練的，其實不僅僅是眼神的觀察與流動，即練習眼睛會說話、會觀察，而且肢體語言還有更深、更高境界的修練，在書中不能講太多，只能給大家點一下，先開始起修。

現在正在講溝通之道中的聲音，聲音的意義、作用，以及修法。聲音即是振動波，是一種波的形式，我們前面

講過，宇宙萬物最基本的構成要素，現代量子物理學已經給出答案，M 理論、弦理論都是量子物理學中比較前沿的科學理論，得到了絕大多數國際物理學家的認可，即萬事萬物都是由上帝粒子組成的，而上帝粒子分陰陽，即陰粒子、陽粒子。

再往深處看是什麼構成了陰陽？陰陽之間是可以相互轉化的，不是固體的物體、粒子，現代量子物理學的答案是，陰陽的更深處就是波，波不是粒子狀態，波的存在盡虛空遍法界，沒有時間空間的概念，不生不滅，不垢不淨，不增不減。而波在一定條件下轉化為粒子，一旦轉化為粒子就有了陰陽，亦即是一有陰陽波函數馬上崩塌，就有形了，即是有了粒子的狀態。然後粒子不斷的以幾何數量疊加，有形的萬物就出現了，然而任何有形的東西，最根本的還是由波所構成。波其實是一種能量而不是粒子，所有的萬事萬物都是由這種能量構成的。

我們現在講樂，狹隘的樂是樂器發出的聲音，也是一種波，我們稱之為聲波，廣義的樂是溝通之道，得有溝通媒介、溝通手段，透過聲音是一種溝通，亦是聲波，都是空氣為介質，振動空氣形成振動波，進行傳遞和溝通，因

此說話、唱歌也是樂的一部分。進而，眼神發出的也是波、也是能量，而我們練眼神，就是因為能量波能夠入心，能穿透各個空間、各個維度，又稱為頻率。其實我們修樂，即是修溝通之道，而溝通要達到的目標就是以聲入心。為什麼要講道理，為什麼要談話、要表達？表達的是心聲，讓對方能夠接受、認同，這就是說話的目的、奏樂的目的，也就是我們真正溝通的目的。一定要圍繞著這個目的去練，首先要清楚自己是否會說話。

有人說：「老師，我當然會說話，我不到兩歲就開始學說話，現在我都幾十歲了，怎麼可能不會說話呢？我天天都在跟人說話。」

那只是所謂能說話，問題是會說話嗎？能說話和會說話絕不是一個概念。現在還有幾個人真正會說話呢？都是覺得自己好像會說話，甚至覺得自己練得見人說人話、見鬼說鬼話，完全能夠察言觀色，眼觀六路耳聽八方，見到領導能阿諛奉承、溜鬚拍馬，領導聽得舒服但都不知道是在拍他。其實，這是下乘的溝通方式，還停留在語言的內容上用功夫，真正的高情商不體現在這上面，這只能稱為

低情商。

我們要修的樂，不可以走下乘之路。真正孔聖人的六藝之樂，是教我們高明的、真正高境界的溝通之道。而我們要學，就得學高境界的、上乘的，不需要學下乘的，而且下乘的用到一定程度，自然會撞南牆，無法提升，都是表面。究竟何謂高境界？何謂上乘的？在此就要為大家講解，真正的樂如何起修。

前面講過真正有效的溝通有三個方面，語言的內容僅占有效溝通的 7%，語音語調占 38%，肢體語言占 55%。我們前面講了肢體語言中的眼神，現在詳細講一下語音語調如何修，有效溝通中語音語調的比重很大，占 38%。意即是說話好聽的人比會說好話的人更討人喜歡、更能入心。說話好聽和會說好話又有何區別？所謂說話好聽，首先是嗓音，嗓子發出的聲音是否圓潤，是否有魅力、有磁性，是否吸引人、人都願意聽。

其實，說話跟說的內容沒有太大關係。感覺自己說話別人愛聽嗎？知道自己的聲音是什麼樣的聲音嗎？是撕裂

的還是穩重的，是乾癟、沙啞的還是圓潤悅耳的，是激憤狂躁的還是平和溫柔的，是抑鬱虛弱的還是輕鬆高興的？感受過自己的聲音嗎？為什麼聲音有魅力，又為什麼聲音不好聽？開口說話就惹人煩，還沒表達完內容，別人就不願意聽，直接打斷了，為什麼？有些人為人很善，但聲音發出來不好聽，而有些惡人聲音發出來卻很有魅力。

有人問：「老師，聲音跟善惡還有關係嗎？」

沒有直接關係。其實在我們心裏並沒有善惡，不思善不思惡，但並不是沒有判斷標準，不執著於善惡和沒有善惡標準不是同一個概念，有判別而不執著，這一點要清楚。

記住這兩句話，你的眼睛是否會說話，你的眼睛是否會觀察，這就是溝通的起修處，即是孔子六藝之樂如何開始練。先從肢體語言開始練，從肢體語言的眼睛、眼神開始練。眼睛會觀察，眼睛會說話，從此開始練。每天問自己幾遍，與別人接觸、打交道之前，上班前或在家中就問一問自己，「我的眼睛會觀察嗎？」如此一問，就學會了下意識在觀察，就能做到眼觀六路耳聽八方。每天多問幾

遍，「我的眼睛會觀察嗎？我的眼睛會說話嗎？」與別人將要接觸、見面的時候，要開會見到領導的時候，馬上自己就會先問，「我的眼睛會說話嗎？」一問這個問題，其實就在練習眼睛如何會說話，這就是樂的起修處。

有人說：「老師，樂的起修處不是學習彈奏吉他，或者吹奏笛子嗎？」

錯了，那並不是六藝之樂。直接開始練習樂器，任何理都不通，甚至不懂何為樂，練的就是靡靡之音，最後就是為了享受和娛樂，或者娛悅自己，或者娛樂別人，也就是自己發洩，或帶著大家一起發洩。如此學樂器就不正確。

有人不理解，「老師，怎麼不對呢？現在那些歌星、明星學習樂器可多了，都不對嗎？」

那是樂之下乘。古今中外的的聖人都所見相同。中華周朝時明確告訴民眾，樂是教我們昇華的，是起教化作用的，絕對不是用以享受和娛樂的；西方的聖人柏拉圖和亞里斯多德，也評論音樂是起教化作用、規範道德作用的，是引人向善及圓滿的，不是享受和娛樂用的。享受和娛樂

是樂的副產品，如果僅把目標定向了副產品，只為享受娛樂，就落入了下乘，永遠也成不了大師。

孔聖人也彈奏古琴，甚至專門有一款古琴稱為仲尼式，與伏羲式齊名，中華古之聖人跟樂都有直接的關係。孔子撫琴與我們現在彈奏有什麼不同？我們現在彈琴不外乎兩個原因，第一是喜歡，有人喜歡古琴、古箏，有人喜歡笛子、洞簫，有人喜歡馬頭琴、二胡；第二是為生計，也就是為了賺錢，琴彈得好、歌唱得好就能成明星，能發財能出名，現在做音樂不外乎為這兩點。

而在此我們正在恢復古禮古制，在講孔聖人教化之道，在講六藝之樂，就是要告訴大家，真正做音樂一定要知道正路是什麼，要知道樂是修行的一部分、是教化的一部分，樂之目的是將我們帶向精神領域的圓滿，目標是道德昇華、是向善圓滿。在此認識基礎上，再開始修自己的樂，先從自己身體起修，即三個層面，第一層面修肢體語言，第二層面修我們的聲音，第三層面再修我們的語言內容，自身修好以後，延伸出去才是用樂器演奏樂曲，這就是樂的整體修行過程。

自己說話的聲音都是沙啞、虛弱、無力的，都沒有魅力，而琴彈得特別好，即是所謂內外不合一，表裏不一。然而，人都沒有修好，想把琴修好，怎麼可能？同理，眼睛不會說話，想要自己的聲音打動人，也不可能；而說話的聲音都不打動人，想演奏樂器能夠打動人，同樣不可能。有的人樂器彈奏得非常的好，但總是沒人捧場。有的人甚至是叫好不叫座，即樂器演奏得真是很好，大家都說好，但就是一直成不了大師，甚至養家糊口都難。為什麼會叫好不叫座呢？是不是所有的重心都盯在樂器彈奏得優美動聽，每個音符、節奏都極其到位之上，但是根本沒有注重自己的個人修行，拿起琴就是神仙，大家看著是高人，放下琴開口說話溝通，馬上神仙、高人就沒了，立時打入凡間，甚至下了地獄；彈起琴就是天上的天人、神仙，放下琴就是地獄的餓鬼、眾生，大家都遠離躲避。

　　好好理解上面一段話的含義，我們現在正在講樂，真正的樂應該怎麼修？從何起修？不是想修音樂，拿起一把吉他就彈，拿起簫就吹，即是起修樂的。要好好研究和體會孔子是如何修樂器的，在此我講的不是我的感悟，更不

是我發明創造，述而不作，信而好古，都是在用聖人說過的話、聖人如何看待樂和樂器來講解。不修人卻想修樂器，那就是本末倒置。樂器修得再熟練，樂曲彈奏得再熟練，也只是匠，即樂器匠，永遠都不能稱師。而匠就是一門技能，是供人享受、供人娛樂的技能。

往那個角度上修，演奏的音樂就是所謂的靡靡之音，會將人帶向深淵，引向邪途，僅是去表達內心中的缺失、悲哀、傷痛，或者快樂、愉悅、開心，別人只是跟著樂器演奏的情緒不斷的起伏，就會讓人沉迷於樂器的感受中，或者享受、愉悅、開心，或者痛苦、悲憤、哀傷，就把人引向了邪途，根本起不到教化的作用，起不到將人引向圓滿的作用，就失了音樂之道。只是掌握一門音樂的技能，古人即稱之為樂器匠，永遠成不了大師。掌握最高境界的樂、上乘之樂的人必是樂師，是大師級的人物。掌握真正的樂的人一定不是奏樂之人，不是抒發、釋放自己情感之人，更不是取悅於人，讓大家享受、娛樂眾生之人。

掌握真正的樂的樂師、樂者，會根據聽樂曲的人的狀態，不斷調整樂曲，透過樂曲入其心、調整人心，有缺者

補之，有執著處放下、化解之，有傷痛處修復之，有漏處圓滿之，會將聽自己樂曲的人帶向圓滿，使惡者從善，使執著者放下，甚至身體有病的人，聽幾曲後如清風拂面，潤物細無聲，在樂曲中已經療癒，心中有惡、怨恨、激憤、偏激、偏執的人，聽幾曲後如沐春風，怨恨就像冬天的冰，春風一吹都被融化。將人引向善處、引向圓滿，才是真正的樂起到的作用，達到的目標，也就是高境界的樂、上乘的樂。

現在正在做音樂的人，或者真正對音樂特別感興趣的人，要好好理解這一部分，對上乘之樂的解讀。不是我高深，我秉承述而不作、信而好古，我所講的全是孔聖人在其經典中所說的，我不過是個轉述者，而孔聖人也是轉述，也不是他的創造，是夏商周之前的上古之神傳授給我們的，真正高的是上古聖人、上古之神。上古經典中都有明確的記載作依據，我剛才所講的理論、觀念就是我們上古先祖的智慧。

理通了之後，我們繼續講如何修。首先總結剛才講解的理，六藝之樂不是僅從樂器修上乘之樂，而一定是從自

身起修，自身修成了、圓滿了、平衡了，奏出的樂自然是自我的延伸。所以，還得從立身處起修，意即是修身，而後方能齊家、治國、平天下。同時，無論奏樂器、寫書法、為人處事、帶兵打仗、學習武功，全都從此延伸出去的。如果身都修不好，甚至根本不從身上起修，學什麼都學不好。所以修身是功成名就、立德、立功、立言之本，儒學這套體系整體都在告訴我們，做事先從人做起，這個理大家一定要清楚。

進而我們講如何修，現在就得從聲音處起修，先不要管內容，不要考慮自己是否滿腹經綸，是否過目不忘，是否博學多才，要先抓根本處，首先讓自己的聲音，自己發出的頻率、振動波使人舒服。振動波調整平衡，就是入心之門，即所謂聲音就是打開對方及眾生之心的門。心門用聲音打開，聲音包括我們說話的振動波，其實很多人自幼從未受過這方面的教育，即說話的重要性，以及如何說話。

有人回想自己，「從開始牙牙學語，兩三歲大概能說出完整的語句，四五歲就開始跟爸爸媽媽吵架，然後上學了說話更多了，有人教過我怎麼說話，但是沒有人教我如

何發聲。」

這就是問題所在。教發聲，是六藝之樂的失傳之祕，現在我們要挖掘、要教給大家的，就是這些現在學校裏、書本上學不到的東西，所以在本書中讀到的一定是沒有聽過的、顛覆的，同時也是必會讓人大有受益的，甚至子孫萬代都會受益的智慧。比如，何處會教聲音的奧祕？即使是學美聲、學唱歌的人，天天發聲、吊嗓子，研究如何從丹田發出聲音，都與我們講的六藝之樂不是一回事，那亦是發聲中的下乘。到底何謂上中下乘，我講一講大家就清楚了，但首先我們學習任何學問都要學上乘，不要浪費時間學習下乘。發聲也有上、中、下乘，而練習發聲就是練習溝通、練習說話入心。溝通之道即以聲入心，聲音的大小、聲音的高低、直接與婉轉，都要練，而究竟如何練，中華古之聖人早就教給了我們方法。

自古以來，我們的古人、先祖，代代都是從三歲開始練，如此一直練到 1912 年，從夏商周之前就已開始，直到 1912 年徹底廢止，中華的祖先練了四、五千年，我們如何能夠以聲入道、以聲入心，怎樣才能打開溝通之門，這就

是我們講解六藝之樂的重點。六藝真的包含了很多的內容，即使用這麼大的篇幅，其實講的也只是框架，不可能很細緻的講解，因為六藝實際上是要學一輩子的。儒學體系真的是太博大精深、太宏偉了，不僅有理，更重要的是有落地的方法和手段，不僅有道同時有術，其實還有心法部分。

我們先把框架為大家講一講，把內涵給大家點一點，無論有緣的讀者是對國學還是傳統文化感興趣，對琴棋書畫還是對武功、兵法感興趣，對玄學、陰陽學還是對醫學感興趣，任何方面的學問，在儒學體系中都包含了。所以我這話的目的和意義，就是讓大家真正重新認識儒學，重新認識孔聖人，重新認識夏、商、周三聖時代，重新認識我們中華上古文明、上古智慧。

聲音如何練？聲音的作用是什麼？在溝通中，聲音的意義與作用多麼重大？樂有廣義、狹義之分，狹義之樂就是樂器的聲音、唱歌的嗓音，廣義之樂就是溝通之道。而溝通之道中亦有廣義、狹義的區別，狹義的溝通之道就是人與人之間語言的溝通，廣義的溝通之道既包括人與人之間的語言與非語言的溝通，又包括人與動物、植物之間的

溝通，以及人與自然萬事萬物之間的溝通。在此著重要講的是狹義的溝通之道，即人與人之間有聲音的語言溝通方式。

如果要展開講解廣義的溝通之道，則是人與動物、植物如何溝通？人與風雨、雲霧怎麼才能溝通？人與日月星辰能否溝通？人與山河大地能否溝通？明確的講，都能溝通，這就是我們祖先的智慧，就是夏商周留傳下來的上古的文明與智慧，教授我們方法，即溝通之道。這些在儒學的經典體系中都既有其理論，又有其方法。

有人一聽，馬上說：「老師，儒學十三經我讀得很熟，甚至很多都倒背如流！」

那並不行，解不出其中的含義，就不知道經典真正在說什麼，讀得再熟也不行。所以孔子說，書不盡言，言不盡意，從字面上看透經典最深的內涵和含義，是不可能的。沒有明師指點，絕無可能僅從字面看透經典。

孔子很明確告訴我們，儒學經典中有人與自然萬物溝通的方法，在此我給大家點一點，上古的文明與智慧從哪

裏開始起修？即是從立象開始，前面曾著重講過這幾句話，「書不盡言，言不盡意，然則聖人之意，其不可見乎？」然後孔子馬上告訴了我們方法，「聖人立象以盡意，設卦以盡情偽，繫辭焉以盡其言，變而通之以盡利，鼓之舞之以盡神。」其中「繫辭焉以盡其言」的意思就是，通達繫辭，知道了何為繫辭，又知道繫辭如何運用，其規律是什麼，就學會了溝通之道。此處的溝通之道，不僅是語言上的溝通，即是所謂廣義的溝通，這個「言」字已經超越了語言，不局限於人與人之間的溝通。所以，孔子僅是在此點了一下，掌握了繫辭的理和方法，就能夠與宇宙萬物有效的溝通。

有同學馬上追問：「老師，這個繫辭到底是什麼？應該怎麼修，怎麼學啊？老師您怎麼不直接寫出來，教給我們啊？」

這是不能在書中寫出來的。之所以有師徒傳承，而且要經過不斷的考驗，師父才能傳授弟子真功夫，學會了就非常簡單，不會的人想破腦袋、書讀爛了也沒有用處。孔子能解讀《易經》，並不是因為熟讀《易經》，翻斷了編

書簡的皮條才讀明白的，韋編三絕也不是那個意思，而孔子晚年讀懂了《易》之後才「喜《易》」，孔子同樣得有明師指點引領，而孔子的師父就是老子。《史記》中亦有記載，孔子問禮於老子，天下人心不古，如何讓天下恢復古禮，重新變得那麼純潔，與天地和諧共生，不違背天地之道。於是老子帶領孔子體會和學習周禮，指點孔子何謂天道。

有人問：「老師，孔子不就問禮於老子一次嗎？老子就成了孔子的師父啦？」事實上，孔子遠不只一次問禮於老子，真正典籍記載，孔子在十七歲時就見到了老子，之後五十多年，孔子見了老子很多次，一直得到老子的教誨，孔子之所以能夠得道，就是從《易經》中大徹大悟的。與《六祖壇經》中唐朝的六祖惠能相似，惠能是在《金剛經》上明心見性，大徹大悟，通達了佛法，而孔子開悟是在《易經》上開悟，豁然通達了宇宙萬事萬物的規律，然後說自己五十而知天命。其實孔子是五十五歲時就通達了《易經》，而他以前所有現實中歷經的磨難、所有積累的知識，都是碎片，十五歲開始有志於學習，不斷的積累直

到五十五歲，積累了四十年幡然徹悟。亦即是說所有的知識、磨難、閱歷，積累的都是碎片，在孔子五十五歲的時候突然形成了一個整體。

何謂大徹大悟？即平時不斷的積累，無論是知識、閱歷、經驗、磨難，某一天積累到達一個點時，突然間所有的碎片形成了一個整體，即所謂大徹大悟。那大徹大悟的標誌是什麼？就是突然對世間萬物都通達其本質、通達其規律。

有人問：「老師，大徹大悟是不是就是明心見性？突然變成大佛、大菩薩，從此就有大神通了，前知五百世後知五百年，是不是這樣的？」

在此告訴大家，如果真的明心見性、大徹大悟了，外人看來就是大神通者，確實能夠知道前面發生的事、當下的狀態以及未來的發展結果，但是真正徹悟的那一天，也就會知道，原來這些神通是人與生俱來的，不是修煉到大徹大悟後具備的，不是練出來的。意即是大徹大悟是修來的，而神通不是練出來的，對修行愛好或者有興趣的人一

定要清楚，所有的神通沒有練出來的，如果哪位師父說神通是練出來的，他可以教你練神通，就一定是邪門外道，他自己都不通理或者就是在騙你，因為神通不是練出來的。

有人說：「老師，神通怎能不是練出來的呢？那些開天眼的人，不是天天在練意守丹田、大小周天，不就是這樣練出來的嗎？練得氣足了以後，天眼就開了，就能看見鬼、神、佛，能看見另一個世界了。這不就是練出來的嗎？」

這樣理解完全錯了。其實，我們鑑定一位師父到底是正師還是邪師，是不是位明師，就是從他對天眼的看法中即可判斷。問一問這位師父天眼怎麼練，即使問到的師父再有名，如果他回答天眼是勤學苦練出來的，那立刻可以斷定這位絕非明師。他自己都不清楚修行的基礎，自己還在天天練天眼，絕對理都不通，天眼人人具備、與生俱來，根本不是練出來的。

有人不相信，「老師，您說的是真的嗎？天眼真的人人具備？人人都能看見靈界、看見高維度、看見鬼神、看

見未知的世界？不得練嗎，不練怎麼看見的呢？」

再次明確告訴大家，這是與生俱來的功能。其實我們中華上古之人，以及先秦、漢唐時期，基本上人人具備這個功能，甚至根本不覺得這是個功能，這也就是人之所以被稱為萬物之靈的原因。現在的人還能稱之為萬物之靈嗎？現在的人比動物強在哪裏呢？只剩下人是直立行走，兩隻手解放出來，可以運用工具，其實人現在比動物強的僅在這裏。我們的耳朵聽到音頻範圍不如動物，我們的眼睛看到的光譜範圍也不如動物，地震到來之前、海嘯到來之前，動物提前幾天就都跑了，人卻茫然無知。地震馬上來了還在打麻將，看見房子搖晃、聽見房子快塌的聲音，才開始跑，根本來不及。所以貓、狗、兔子等動物看人都感覺，你們憑什麼是萬物之靈啊！

何謂萬物之靈？宇宙間發生任何事情之前，人得先知道，然後所謂愚蠢的動物們才能知道。結果現在到底誰更蠢？現代人還可以自稱為萬物之靈嗎？我們本來具備的功能，成了所謂的神通，現代人都沒有了。其實沒有的意思並不是消失了，也不是退化了，而是所謂的神通就在那裏，

功能依然具備，只是現代人已經不知道怎麼用了。大家一定要明白這個理。

有人說：「老師，您教弟子大神通，教弟子開天眼，教弟子與宇宙萬事萬物溝通，教弟子奇門遁甲，教弟子調整能量、調整心、調整命運，這些不是大神通嗎？這些大神通不都練出來的嗎？」

是的，這些是大神通，所謂奇門遁甲的確就是調整宇宙的能量，而山河大地、日月星辰、風雨雷電、動物植物，這些都是能量。但是，我教弟子這些所謂的神通、所有的功能，包括開天眼、與萬事萬物溝通的功能，都不是練出來的，再次強調人人本來就具備，只需要點化激活，當下立刻就具備，馬上就可以使用，一天之內開天眼、立象、與萬物溝通，都能夠具備並使用。所謂數術，就是立象、設卦、繫辭、變通、鼓舞，即孔聖人告訴我們的修行五大階段，其中立象只需點化激活不需要練，設卦很複雜，涉及到象數與數術，其規律相當於數學定理、公式，有些複雜必須得師父教，一直至學習奇門遁甲，但是繫辭即與萬事萬物溝通也不需要練，本來就具備，原始人、現代人都

具備，只要是人就具備。現代人為什麼感覺都不具備？其實是因為這些智慧、原有的功能都失傳了，而不是退化了，都還在那裏，但是不知道如何用。

有人不以為然，「老師，您就忽悠我們吧！人還能與雲溝通，還能與雨溝通，還能與風溝通嗎？」

其實了解一點歷史的人，就不會再質疑了，歷史上這樣的人比比皆是。我們現在把張良、諸葛亮、劉伯溫等人當成神仙，認為都不是普通人、正常人，覺得必須是神仙才能掌握那些本領，普通人不可能掌握。其實，諸葛亮、劉伯溫、張良這些人物，歷史上都真實存在，而且在漢唐時期，這類人比比皆是，就像《三國志》、《三國演義》中的諸葛亮，能夠轉變風向，那不就是與風在溝通嗎？

有人不敢相信，「老師，還能與風溝通，這不是騙子嗎？」

在此很認真的告訴大家，歷史上，太多這種所謂的神人都在使用這些，諸如諸葛亮借東風，劉伯溫生大霧。而諸葛亮如何借到東風？劉伯溫怎麼能讓平地起霧？大晴

天，十分鐘時間大霧就起來了，追兵突然陷入霧中，什麼都看不見了，朱元璋就此躲過一劫。其實這種歷史典故實例太多了，只是現代人不掌握，也不理解了。現在的中國人盲目崇拜西方，對自己老祖宗的這套智慧反而理解不了，摒棄、否定、排斥。

元以後，開始不斷的對掌握這方面數術之人趕盡殺絕，因為統治階級害怕，怕這類人在民間傳承太多，百姓掌握這些功能，對其統治地位會有影響，怕撼動其統治。所以這類人要嘛為皇家所用，要嘛基本下場就是被殺。其實為統治階級所用的，最後也沒有什麼好下場。因為統治階級本就門派林立，各有不同，為一派所用，敵對派必得追殺，而且各派都有這類高維功能之人。因此，歷史上這類人越殺越少，最後都集中在宮廷之內。宋以後元時期開始，宮廷內也少了，民間則更不必提了，於是我們這套真正的大智慧，就這樣逐漸的失傳了。

直到現在掌握這些智慧和方法的人，基本已經消滅殆盡，即使還能找到一點根的蹤影，但也是鳳毛麟角。留下來的也僅僅是支脈，並非整體承載中華的文明和智慧。這

就是中華的悲哀，講這些絕不是為了譁眾取寵，不是為了驚世駭俗，就是為了告訴大家我們的祖先真正掌握了什麼，而且到底能夠起什麼作用，如何在方方面面起作用。祖先所研究並起作用的領域，包括語言文字、聲音、聲波、頻率，一直到思維模式，以及我們完整的行為模式，研究得非常全面與深刻，然而中華祖先的智慧和文化體系，無論任何一個方面，都不是人能夠研究出來的。

# 第三節

# 成功者聲音磁性字字入心
# 大道無情補有餘而損不足

　　有效的溝通本身也有狹義和廣義之分，廣義的溝通其實就是所謂繫辭，而狹義的溝通就是人與人之間的溝通。人與人之間的溝通又分三個層面，一層是微語言的溝通，即肢體語言的溝通，占有效溝通 55% 的比重；再一層是溝通中的語音語調，所占比重是 38%；然後一層才是最少比重的語言內容，僅占 7%。

　　現在講的就是狹義的溝通之道中，語音語調這一層。前面我們已經講了肢體語言的溝通，以及大家如何入門練習。現在我們講狹義溝通中，占有效溝通 38% 的語音語調到底怎麼練。首先，聲音是最主要的溝通之道，人與人之間的溝通，說話聲音入耳，對方就能聽明白，說話傳遞訊息，聽見說了什麼，就知道對方要表達的意思及含義，不說話就基本不知道，透過眼睛看，肢體語言再如何豐富，

也不一定能知道表達的是什麼意思。

有人說：「老師，肢體語言不是最重要的嗎？」的確肢體語言是最重要的，占的比重最大，但是並不是全部，也離不開聲音。肢體語言必須配合著說話的聲音，其實也包括配合著說話的內容，三者缺一不可，而且各有側重。

也就是溝通之道中，聲音非常重要，其中包含著語音語調，以及發出的聲音是否圓潤、乾癟，是否有磁性、有魅力，還是沙啞的噪音，沒人願意聽。然而，聲音為什麼沙啞乾癟，又為什麼會圓潤、有磁性？如何能夠做到，聲音從不好聽、難聽，變成好聽、別人都願意聽？語音語調應該怎麼練？語音語調又有何作用和意義？這才是最重點、最重要的。

真正功成名就、事業有成之人，即成功者，亦即是有魅力的人，都有一個共同點，就是會說話。然而，會說話並不只是能說話，如何會說話？怎樣練習會說話？最重要的是，首先要練習語音和語調，然後再學習與人溝通交往中的語言內容。會說話包含兩方面含義，一方面是一發出

聲音，還沒把話說明白，對方就被你的聲音吸引了，就願意聽你說話，此即謂會說話；第二方面含義是，你發出聲音以後，大家更願意聽你的語言內容，字字入心，人家只想認同，不想與你作對，這也稱為會說話，這兩方面都非常重要。

所以六藝之樂，即溝通之道，其中學問非常之大。聲音發出去的是一種振動波，振動波是以頻率的形式呈現，萬事萬物最基本的構成是能量體的形式，而能量體也是以波的形式存在，也就是一種頻率的形式。其實，宇宙萬事萬物，無論有形之物與無形之物，都是一種頻率，掌握好頻率，就掌握了所謂的溝通之道。而頻率究竟如何掌握？

舉例來說，聽優美的音樂，宅在家裏聽一天都聽不夠，反覆不停的聽；而噪音，如吱吱的刮玻璃的聲音，金屬相磨的聲音，一聽就感覺特別刺耳，渾身毛骨悚然，別說一分鐘，五秒鐘都聽不了，必須立刻停止發出這種聲音。為什麼會有這麼大的區別？噪音，刮玻璃、磨金屬的聲音，與優美的音樂有什麼不同？即是發出的頻率不同，所以我們區分為優美的音樂和噪音，為什麼這樣區分不同的聲

音？

有人回答說：「老師，舒緩的音樂就是優美的，我們喜歡聽。刮玻璃的聲音很噪，不舒緩，都很刺激，所以不願意聽。」

這樣解釋並不正確，搖滾樂那麼刺激，發出的聲音更噪，為什麼很多人都願意聽？為什麼帶動得群情激昂，其實不在於舒緩還是刺激。聲音的頻率、振動波是有大學問的，發出什麼樣的聲音，合乎什麼樣的標準，振動波不同，頻率就不一樣，有的頻率就能入心，越聽越與之融為一體，越聽越舒服，都會有修復、療癒的作用，有的頻率就會有傷人的作用，傷人的心。好好一個人，天天只聽悲涼或者尖叫恐怖的音樂，聽幾天後自己要嘛抑鬱，要嘛就會得恐懼症，這種音樂就傷人，好人都會被弄壞。

人都是一樣的，好的音樂會助人成長、圓滿心靈，修復漏洞，而所謂的靡靡之音、噪音，要嘛把人帶向墮落，要嘛把人帶向瘋魔，要嘛就會刺激人的神經形成傷害。大自然中的聲音很重要，我們研究國學、研究修行、研究心

靈成長，這些基本的規律、學問，是必須得掌握的。不要以為國學與音樂、聲音之間，是風馬牛不相及的兩回事，孔子把音樂、聲樂作為六藝的第二位，雖然孔子述而不作不是他個人所列，那麼夏、商、周及以前的上古文明要教化，為何先是禮，隨後就是樂呢？因為樂就是研究聲音的學問。

研究國學，就是研究宋史、明史、清史嗎？或者是研究先秦史，把歷史人物背下來，把歷史年份背下來，把具體事件也背下來，有什麼用處呢？其實都是只知其一不知其二，只知其表不知其裏。為什麼研究國學？不就是要挖掘、整理、匯總我們完整的上古智慧嗎？不就是要古為今用，學以致用，在現實中成為經邦濟世之才嗎？不都是為了用嗎？否則明史研究得再透，不能用又有何意義呢？歷史人物、事件以及年份，現在百度上隨時可以查閱，只是背這些，你的腦袋不外乎一部影印機，還有什麼用處呢？

我們研究明史，得從中知其內涵，為什麼朱元璋能建立明王朝？如何建成的？又為何能夠延續近三百年？因何而興盛，又是因何衰落滅亡的？也就是研究一個朝代的起

始、發展、繁榮富強、鼎盛、衰落、敗亡的整個規律，要從中研究為什麼是這樣的規律。一定符合天之道、地之規，所以朝代能夠興起、繁榮、鼎盛；後來衰落和敗亡的原因一定是皇帝違背了天之道、地之規。明史這一整套規律真正研究明白之後，再研究清史、先秦史、漢唐史，其實就都沒問題了，因為都是一回事。

如此就會發現，透過研究明史就能理解，天道、地規到底是什麼？我們應該符合天道地規，按照道的規律做，我們就能夠興盛、繁榮、長治久安。當我掌握了這些規律以後，可以應用在萬事萬物上，個人情感也會符合天之道、地之規，這就是規律；做企業也必須符合天之道、地之規，企業才能興盛發展、長治久安，才不會很快敗亡。一個計畫的開展、一個人的交往也是一樣，包括自己的身體健康也是同一個理。透過歷史研究，我們領悟天之道、地之規，即是宇宙自然發生發展的規律，這才是研究歷史和國學的意義所在，即所謂古為今用、以古鑑今。

其實，我們講的都是先秦史，以孔子為樞紐和典範，講夏商周及上古時期，把夏商周研究明白，把孔子研究明

白，漢唐史、宋明史、以及清史就都不要研究了，沒有意義了。因為按照規律走朝代就興盛，只要不按照這個規律往前走，朝代很快就會敗亡。比如秦始皇就不按夏商周三聖時代體制規律沿襲，全都是打破，看似偉大，看似聰明，建立了中央集權制，好像很先進，標新立異、創新創造，但是為何十五年就亡了？本來要千秋萬代，結果第二代就被滅了，還是因為不符合規律。

現在大家都認為中央集權制符合自然發展的規律，是進步的。然而是否真正理解以前分封制封建制度的含義？剛開始就徹底打破，是何道理？秦始皇以後就不存在封建制度了，就都是中央集權制了，漢朝時是半封建半中央集權制，是一個過渡，之後的唐、宋、元、明、清，一直到現在都是中央集權制。如果中央集權制真的是最好的政治體制，為什麼現在西方卻都是封建制？

有人疑問：「老師，現在西方怎麼能是封建制呢？西方是君主立憲制啊。」

好好研究一下西方的政治體制，就能看到其背後到底

是什麼，其實就是分封制和世襲制。以家族的血緣、血統代代世襲代代分封，表面是民主制，其實根本不是民主制。而中國現在可真的不是分封和世襲制了，但是咱們中華夏商周時期的政治體制才真正是最超前、最穩定的，是讓國家民族長治久安的政治體制，為什麼周有八百年的基業？而夏、商穩定發展的時長，其實都遠遠超過周，周是夏商周三聖時代中時間最短的。周以後秦把分封制打破了，而後漢是半封建半中央集權制，後面就都是中央集權制了，一直到現在。而中央集權制以後，朝代超過三百年都不容易，只有漢和宋兩個朝代超過三百年。

如果真正把夏商周時期好好講一講，就能夠知道西方的制度體系都是從何而來。宗親、氏族的家族制在夏之前就有了，而後夏開始分封世襲。

有人說：「老師，如此一說，我沒有貴族血脈，沒有王親血緣，那就生生世世都是勞苦大眾，永遠都沒有世襲、沒有封地。這不公平啊，王侯將相寧有種乎！」

宇宙中本來就沒有所謂的公平，萬事萬物生而不公平，

宇宙規律不講究公平，宇宙定律中也沒有公平二字。為什麼天天要公平呢？因為弱者才要求公平，強者則是制定規則者，如何講究所謂的公平？強者制定規則，弱肉強食，英雄創造歷史，這才是宇宙的規律定律。這些言論不符合現在的普世價值，但是真相就是真相，不要被虛假的假象所蒙蔽，天天要公平，天天不服氣，埋怨世界不公平，怨恨領導不公平。給個理由為何要對每個人都公平？真正的天道是補有餘而損不足，越缺者越弱，最後就會什麼都沒有，而越是強大老天爺越是傾向，於是越來越有、越有越多，這就是天道。

天的規律不是公平，而是大道無情。大自然中牛、羊、馬，生下來強壯者很快就能站起來，跟著媽媽跑，弱者站不起來或者跑得慢，媽媽也不會多管，整個族群也不會管，直接就遷徙走了，弱者最後就會被狼群吃掉，強壯者跟隨父母族群遷徙。自然界就是所謂的這麼殘忍，看似無情，但現在為大家講的就是規律，告訴大家的即是真相。意思就是不要將自己的不成功向外找藉口，怨天尤人，天天覺得是企業對自己不公平、社會對自己不公平、老公對自己

不公平、父母對自己不公平，大家都在欺負、排斥自己，開始恨社會、恨父母、恨家族。

不要再這樣下去了，哪有什麼所謂的公平？一定要記住當你自己強大起來的那一天，誰敢對你不公平。公司還會對你不公平嗎？你是最有能力的、業績最好的，老闆敢對你不公平嗎？大家都像眾星捧月一樣捧著你，只有你對別人不公平。老公敢對你不公平嗎？如果你能給家裏帶來希望，相夫教子，對老公的事業有所助益，孩子離不開你，老公也離不開你，甚至公婆都離不開你，他們還能對你不公平嗎？全家也都會捧著你。記住這句話，只有弱者才天天要公平，向上蒼要公平、向老闆要公平、向家族要公平、向父母要公平。如果是強者，任何人都得高看你一眼，會有不公平的待遇嗎？

不要找藉口，天天怨天尤人的一定是弱者，老天沒有這種公平，弱者必然要被淘汰，沒人能救你。只有自強，老天就會幫你，當你強大的那一天，你真正的貴人就會出現；當你強大的那一天，你想要什麼條件，就有人為你創造什麼條件；當你強大的那一天，沒有人對你不公平，也

沒有人敢欺負你，甚至每個人都會尊重你。

到底如何才能強大？這就是本書解讀六藝的意義所在，首先必須要有智慧，能夠看透一切，認識宇宙發展的規律，第二必須得有力量，第三必須得有勇氣。智慧、力量、勇氣三方面如果你都具備了，你就真正強大了。無論是在家族，還是在公司，不管在任何團體中，你都一定是令人尊重的強者，那時你再開始談公平，因為你是規矩的制定者，你就有能力扶老愛幼、幫助弱者。

但是還要提示一點，依照規律，對弱者的幫助也是有限度的，不可過度，任何一個社會、一個組織，任何一個家族、一個家庭，對弱者過度的幫助和關心，都會把整個團體帶向積弱。此處要理解清楚，我們絕非不要扶老愛幼，更不是要淘汰弱者，即所謂大道無情勝有情，無情之中還有情，規律是規律，理中還得有個情字，對弱者還是要幫助，還是要給予一定的公平，但要記住給予弱者的公平一定是有限度，否則過度的關心和照顧，事事都幫，好像是給了他公平，其實是在害他，而且如果不斷把目光盯向弱者，把資源傾向弱者，最後團隊中弱者就會越來越多，過

了平衡點時，團隊就成為被淘汰的弱團隊了，千萬要注意這一點。

我所講的國學，顛覆的地方太多，但是告訴大家的是真相，請大家自己評判有沒有道理，是不是真相。如果是就請記住，從現在開始不怨天不尤人，放下所謂的不公，一切的不公都不是外面的人給予自己的，一切的不順、不幸都要向內找原因，謂之反求諸己，不要再向外找原因。不再說領導對自己不公平，或者自己的父母偏心，永遠不要向外找，而是要強大自己，使自己更有智慧、更有力量、更有勇氣，再看老天是否不公平。當你具備這三方面後，資源、機遇都會向你傾斜，你遇到的都是好人，都是幫助你的人，再沒有害你的人，一定要好好理解是不是這個含義。

所謂天道補有餘而損不足，是不是與我們平常認為的正好相反？是不是認為老天應該是損有餘而補不足，即是謂劫富濟貧。就好像是劫富濟貧的大英雄在替天行道，然而試想一下，一個國家劫富濟貧的英雄多了，這個國家社會還會往前發展嗎？是不是只有一窮二白，只剩下貧窮一

條路了？要嘛不努力不幹活，脫離不了貧賤；要嘛努力幹活發家致富，卻被劫富濟貧。或者智慧、力量、勇氣有不行的方面，就是一窮二白的弱者，很難脫離貧窮；或者有智慧、有力量、有勇氣，但是不努力，這樣的人稱為寄生蟲，如果多了社會能發展嗎？如果社會上全是這兩種人，社會到底如何發展？

自古以來都是精英引領社會的發展，但是如果把精英全都劫了，去救濟一窮二白的人，那所有人都願意一窮二白，「我窮我光榮」，都不幹活了，努力致富賺點錢也會被劫，說不定還會把命搭上，誰也不會再努力了，整個社會怎麼發展？是不是這個道理？在公司裏真正應該在乎的、關注的、給予資源的對象，應該是特別有能力、能夠創造業績的人，還是不努力的人，或者是怎麼努力也創造不出業績的人，作為企業主你會往哪個方向傾斜？當然是傾向於能創造業績的人。創造的業績越高，越會配置好的資源；而越是不努力，或者怎麼努力也創造不出業績的人，想要資源也肯定沒有。

對弱者的關懷只是情感上的關懷，即所謂有度，亦即

是對弱者是有度的公平、有度的關懷。弱者，在整個社會中畢竟占有很大的比例，社會不都是強者、精英，很多的人甚至大部分人，再如何努力，還是達不到目標效果。社會都是所謂的二八原則，公司企業中也是二八原則，所以作為老闆一定記住要符合天道，千萬不要把資源平均分配，那樣不符天道，而不符天道公司就會敗、就得亡。

天天講仁義，天天講人性化管理，把資源都分配給了創造不出業績的人。作為老闆，認為必須得公平，得可憐特別努力還創造不出業績的員工，有能力者本來就有能力，就不再多配置資源，有能力沒有資源也能創造出業績。這樣想則公司必亡，最後導致不努力、碌碌無為之人，在你的公司裏天天養老，反而勤勤懇懇、有能力的人努力也沒有用，一定會遠離你。因為真正有能力的人，一定想要創造更大的業績，創造更大的輝煌和成就，不給他資源、不給他平臺、不重視他，這種人才就一定會流失。人才不斷的流失，剩下的就都是弱者，這時老闆再強大都沒有用，整個公司團隊就將被社會淘汰。

這些都是儒學體系之帝王學中的一部分，上一冊中講

過帝王學，涉及到了富國強兵。這又是帝王學的一部分，針對的是團隊人才及庸者如何面對，要不斷的淘汰庸者，但不是徹底全淘汰，沒有完美主義，也不可能全都是精英，二八原則也是天道，但是真正的帝王一定要記住，一定要把 80% 的資源交到 20% 的精英手中，讓他們創造更大的業績，而把 20% 的關注度及資源給到 80% 的所謂平庸者。80% 的平庸者中又分上、中、下三類，其中下類就是完全不努力的，即平庸者，要想辦法排除掉，不要讓他影響整體，這一類絕不能超過 5%。一旦這一類人超過 5%，整個公司就開始向弱者潛移默化的轉化，所以一定要控制好這一類的比例。

其實談的這些全都屬於儒學體系，有機緣我們講解一下帝王學，就會發現與一般人認知更加的顛覆，基本上全都是顛覆的，之前認為的管理之道，向西方學的 MBA 工商管理學，其實基本上全是錯的。諸如責權劃分、人性化管理、能者居之、業績評價等等管理思維和方法，講解儒學之帝王學時，也是六藝之一的御，到時一條一條分析，基本全是顛覆的，之前認為對的其實全是錯的。

所以中國的創業企業，能堅持三年以上的不多，三年以內有 80% 的企業就已經倒掉了，五十年、百年以上的

企業更是寥寥無幾，能堅持十年的企業就已經很不錯了。國營企業是鐵打的衙門流水的官，不能算作真正的企業，而民營企業僅針對父子傳承一項，能有幾個實現有效傳承的？現在中國正面臨第一波民營企業的創業者即將到達退休年紀的時期，但是面臨根本傳承不了的局面，父輩創業者一旦退位，企業馬上就亂了，如果創業者突然離世，那企業基本上就是被賣掉或被兼併。為什麼富不過三代，甚至富不過兩代？真正規律性真理的這套帝王學，一般人是真的不懂，只是認為之前學的管理都是對的，在現實中實際操作時卻全是錯的，這種狀態怎麼可能使企業興盛，傳承接班後還能再次創造輝煌的成就？

　天天受的都是西方教育，其實都是假的。西方管理學傳到中國，西方人真的會教給我們真正的學問、核心的奧祕嗎？不要以為所謂的西方管理學家都是大德之人、都有大愛，要把真正的管理學傳向全世界，幫助發展中的國家發展，其實所謂的管理學大師都不一定知道真正的管理學是什麼，也都認為自己這套就是對的。但是事實上西方真正的長治久安、富國強兵、繁榮興盛，可不是依靠這套所謂的管理學。

# 第四節

## 品德能力三代沉澱精英強者
## 中華英雄智慧力量陰陽結合

僅從教育體制來講，西方教育就分為兩類，一類是精英教育，一類就是平民教育。平民教育就是所謂的開心教育，沒有壓力開心就好，根本學不到什麼。精英則都是王公貴族後代，都有血統，他們是如何教育？不是有錢就能進入貴族精英學校的，還得有世襲的爵位才能進入，全面軍事化的教育，野外生存、相互拼爭，每天都得學到半夜凌晨，睡不了幾小時，比高考累多了，精英們都被往死裏逼，都被教育社會是只有強者才能生存，弱者就該被淘汰，這批人長大以後進入精英層、管理層、統治階級，帶領西方往前衝、往前打拼。

中國現在有幾類教育？是兩類教育嗎？只有一類教育，因為現在中國沒有所謂的精英層。精英層都是一代一代世襲下來的，有世襲制才能有精英層，所以中國根本沒有精英層，不是做了高官就是精英層，這是兩個概念。中國曾經的精英層已經被徹底打倒，而現狀就是整個社會在等級重新劃分的時期，沒有階層，上下一片混亂，因為我

們強調沒有階級，流浪漢和國家領導人一視同仁，沒有高低上下之分，沒有等級就沒有階層，沒有階層哪有精英層？精英層都是經過多少代不斷的篩選，篩選的不僅僅是能力，還有品行上的不斷篩選，品行和能力即德和才兩方面不斷篩選多少代，一定得是沉積下來的，才能稱之為精英層。

中國現在沒有精英，誰帶領中華復興？誰帶領民族崛起？那是一個階層，帶領著整個勞苦大眾。帶領 80% 的人崛起前行，必得有領路之人，即是 20% 的精英。常言道，三代出一個真正的貴族。意即為必須積累沉澱，即是智慧、力量與勇氣的積累和沉澱，必須積累三代才能培養出真正的貴族，即精英。中華從何時開始積累的？實際上非常悲哀，現在既沒有精英層，又沒有開始積累，還沒有那種環境，甚至不能提階層、階級，社會就沒有等級，沒有等級哪有精英層。

精英層要經過不斷的篩選，如何篩選？人民大眾、老百姓的眼睛是亮的，都要在德和才兩方面進行篩選，經歷社會的起伏、波折、磨難，有威信、有德行的人，逐漸的有人信服，一點一點的地位越來越高，然後一輩一輩往下傳承，培養出的兒孫又超越於他，無論德行和能力都能夠超越，如此代代積累，至少積累三代，精英層就出現了。

中華之崛起，中華之復興，即所謂「路漫漫其修遠兮，吾將上下而求索」，那條路不是那麼簡單，任何事都不可能一步登天，必須得有基礎，必須要能沉澱。

我們現在講解六藝，大家都認為禮沒有太大意義，樂也沒有什麼用，都不太喜歡聽，而講到帝王學的時候，愛聽的人非常多，因為現在企業家很多，企業就是在打造商業帝國。然而真正講解中華帝王學時，大家會感覺震驚無比，企業家發現自己的企業能支持五、六年還沒垮，真是老天眷顧，因為所有的管理理念，所謂的管理經驗，之前認為對的實際基本全是錯的，企業居然還能存活。

有人聽到這兒說：「老師，真是這樣可嚇死我了，那我可不敢聽了！」不聽這些管理真相，即是所謂的掩耳盜鈴。我在此講的都是中華祖先的智慧，作為中國人，想出人頭地，如果不知道中國的人情、人性、人心，不知道如何管理中國人，談何建功立業？談何商業帝國？只能是創業三年就倒下的那80%中的一員。或者可能遇到一個計畫、一個人脈關係，賺了一筆錢，但是不通真正的管理、不通帝王之術時，只會憑藉一個人的人脈資源、一個人的能力，打造所謂的輝煌，無法把團隊整體使用起來，就無法用體制制度去發展企業，肯定長久不了。任何一個個人都有漏，

當這個漏暴露出來的時候，或者一個人不在企業的時候，企業就會跟隨著個人完結。中國民營企業 99.9% 都是這種看似輝煌，幾年之後老闆出點事，下面的人馬上作鳥獸散，根本不是用體制、用團隊運營、運作，不懂帝王學，賺錢就只是暫時的，成功也是暫時的，就是這個理。

有人問：「老師，現在不是在講樂嗎，怎麼講了那麼多帝王學，講了那麼多管理學呢？」我的書籍講授風格就是這樣，能受益者自會受益。要是覺得我說的不對，就放下不要看了。我的目的就是尋找復興中華文明文化、志同道合的有緣人。何謂有緣人？看了我書中東一句西一句的嬉笑怒罵，能夠認同，覺得是這麼個理，這就是所謂的有緣人。如果看後感覺害怕、恐懼，或者糾結、鬧心，認為不教仁義道德理智信，不教人行善、公平，社會就會混亂，無法理解認同，那就不要再看了。尋找有緣人，不求數量，而是要品質，看書看得心花怒放，能夠認同，就是所謂的志同道合者。我不是所謂的大師，也不是名人、教授，後面要講的顛覆內容很多，有勇氣者就讀下去，恐懼者、糾結者，甚至否定者，就不要讀了。有緣人本不多，我堅持講，你能堅持讀，還能讀得歡欣鼓舞，就可能是有緣人，就有可能繼續深入教學，真功夫只需點化激活就會有，但一定是針對有緣人。

也很有可能讀了我的書後，不知如何做人做事了，以前覺得應該做好人、做善事。但是，感覺自己這麼善老天爺為何不眷顧，生在貧賤的家庭，父母不疼，老公不愛，還總被人欺負，為什麼會這樣？其實就是因為你所謂的善良，天都不幫你，因為那是你認為的善，你是把善當成了懦弱的藉口。老天要的是善人嗎？其實不是的，老天要的是那種能夠帶領整個族群走向進化、走向強大的人。不能全民皆善、全民族皆善，最後都善到了打左臉伸右臉的程度，這種所謂的包容叫做偽善。

　　真正的善是有智慧的，真正的善是有力量的，真正的善是建立在大勇氣的基礎上的。千萬不要把善當成懦弱的藉口，當成自己無所建樹的藉口。中華民族要復興、要強大、要崛起，因此我們要智慧、要力量、要勇氣，我們不要所謂的善。善有前提，不要扭曲善，不要誤解善，聖人如何講善？我在書中經常問這個問題，到底何為善？你現在立刻能有答案嗎？你所謂的善，幫助別人就是善，分享自己的好東西就是善，損己利人就是善，如果真覺得這些是善，那天都不容你。

　　有人說：「老師，您是不是太偏激了？怎麼能這麼說善人呢？學佛的人不都是這樣嗎？」

關鍵問題在於，你知道何謂真正的佛法嗎？佛法真的只是教人做好事，教人所謂的善嗎？究竟佛法是如何看待善的？為什麼六祖惠能反覆告訴我們不思善、不思惡？為什麼首先說不思善？因為我們根本不知道何為真正的善。沒有智慧、沒有力量、沒有勇氣，只是一味的講善，則天理不容，那就是所謂的偽善，甚至是禍害。

　　全民族如果都是那種善，侵略者來了，所謂的善人都在想到底抵不抵抗，雖然他把我的親人都殺了，但我要是也殺他，我不也成了惡人嗎？不能因為他的惡，我也跟著惡啊。這種善人根本不通宇宙的規律，就是一味的懦弱。一個侵略者拿一條步槍，就能降伏上千人，一個人都不敢動，誰動誰就是惡人，會被其他自己人打死，都怕被侵略者報復，一個起義者別把侵略者激怒了，再來屠殺自己，結果基本上都是內鬥。這就是近代的中國人，現在的中國人呢？現在再有侵略者，中國人會是什麼樣子？有沒有可能漢奸更多？天天和諧、曲線救國，真的被侵略，會有幾個英雄烈士、幾個出頭的勇士，為什麼會有此疑慮？看看我們的教育，是不是天天都在教育妥協？

　　現在，整個教育體系根本就不是強者的教育，強者教育就是那種西方的精英教育，亦稱為危機教育，弱者就得

被淘汰。中國的教育是這種教育嗎？不是的。而我們漢唐的教育就是典型的精英教育，我們的六藝是開始於禮、樂，三聖時代夏商周就是用禮樂教化，但絕不是教人天天唱歌跳舞，天天只知行禮作揖。禮樂是智慧的基礎，進而我們還得有力量，所以禮、樂是智慧，射、御是力量，書和數是宇宙自然的規律。六藝的教育就會把我們的孩子培養成既有智慧、知書達禮，又有力量、強大自信，同時上知天文、下曉地理，能運用宇宙自然的能量場，知道規律、懂得規律、會運用規律，這才是真正中華的六藝。

現在我們的孩子們從七歲到二十多歲，只學西方傳過來的所謂自然科學的一小部分，還不一定是大道真理。有些定理、定律已經過時淘汰了，然後我們的學子在最應該學習智慧、力量、勇氣、規律的大好年華，只是在學那一點自然知識，學那一點數學原理，物理學、化學原理，學的還都是皮毛，學的歷史都是被人為改造了的，地理只記得幾個地名根本沒學明白，十幾年大好青春白白流逝，這就是現在的教育體制。

要知道漢唐的一套教化體系，十八歲學出來後，年紀輕輕就可以披掛上陣，就可以統治一方了。經過十幾年的精英訓練、精英教育，既通管理學又通成功學，又知道溝

通之道，就知道力量應該從哪裏來，如何使自己強大，如何有勇氣克服內心的恐懼，如此到十八歲就直接去建功立業了。那種狀態下，民族會不會強大？現在別說十八歲，三十歲都進入、融入不了社會，甚至根本不知道如何融入社會，進入社會後才開始重新學習，小學、初中、高中、大學，十幾年都在做什麼？拿到一個重點大學的高學歷又有何用？只是學了一點技能，會做人做事嗎？有智慧嗎？知道宇宙自然的規律嗎？人人都不知道，國家民族何以強大？

尤其西方推給我們的教育，就是他們的平民教育，根本不是他們的精英教育，我們還都當成了至寶。捧著一堆糟粕，卻吃得很香，還得一點一點的消化，仔細的研究西方管理體系、西方教育模式，到底香在哪裏。把中國的孩子們越教越弱、越教越善、越教越不會做人、越教越不會做事、越教越沒有智慧、越教越沒有力量、越教越沒有勇氣。現在中國的孩子還會打架嗎？誰敢打架？孩子時根本不敢打架，以後能上戰場打仗嗎？大家要聽明白我的意思，不是鼓勵、教唆孩子去打架，而是說如果孩子架都不敢打，以後能帶領千軍萬馬征戰沙場嗎？

現在的孩子還有競爭嗎？除了在學習分數上爭一爭，

還有什麼競爭？長此以往，還會競爭，還敢競爭嗎？甚至都覺著競爭不對，不應該經常給別人壓力，都怕心理出問題，都是這樣有何出息，孩子長大以後也不敢競爭。然而，長大成人以後真正從事商業的不就是競爭嗎？商場如戰場，哪個計畫不是搶奪來的，哪份利潤不是爭取來的，都是虎口奪食。但是我們從小受過這種教育、這種訓練嗎？為什麼富二代接不了班？不要以為哈佛、耶魯、劍橋、牛津畢業就了不起，學的只是那一點自然科學的技能，那一點知識性的碎片。然而，要管理一個企業，需要具備的是綜合的智慧、力量及完整的一套體系，受到過這種訓練嗎？沒有，所以接不了班。

企業家的想讓自己的兒子接班，到底如何訓練？哈佛、劍橋沒有用，不知如何做人，不知如何與人溝通，更不用提管理之道了，從來沒有管理過人，從小到大都是被別人管著，突然把企業交給他，會管理嗎？知道何為成功之道嗎？知道社會中只能弱肉強食的道理嗎？都是蜜罐裏長大的，都是別人從他的嘴裏奪食，想過到別人那裏奪食嗎？知道怎麼奪嗎？更不要說帶領千軍萬馬，跟外族外企去爭、去鬥、去搶了。

在此告訴大家，六藝就是教我們精英如何訓練，教我

們如何開啟智慧，如何發出、運用力量。有了智慧和力量，陰陽就結合了，既強大又不野蠻，既知書達禮又不文文弱弱，表面溫文爾雅，一旦發出力量的時候，再強大的對手都得倒在我的劍下，這就是中華的英雄人物。中華沒有那種五大三粗、胳膊粗力氣大的英雄，那種在中華稱為莽夫、魯夫，真正中華的英雄人物、大俠，都是首先有智慧，然後才有力量，而且力量都是隱藏著、內斂著，絕不是胳膊比樹都粗的那種粗李逵、猛張飛。真正中華的英雄都是像曾國藩、王陽明、諸葛亮、劉備、劉邦、張良、范蠡、周文王一樣的，智慧與力量的結合才是真正中華的英雄人物。

我們如何訓練出這一類英雄人物呢？夏商周、先秦、漢唐的精英，都是如何訓練的？一定是先從灑掃進退應對開始，先從禮、樂入手，然後才是力量的訓練，教授射、御，再然後教如何有度的運用力量，畢其功於一役、一招斃敵。

有人聽了緊張的問：「老師，這麼狠啊，怎麼能教孩子能教這些呢？」

是不是認為應該天天教孩子《三字經》，天天讓孩子背《弟子規》，然後告訴孩子孝順父母、仁義禮智信，要做個好人、善人，這些只是教化的一部分。一定要記住，教養之學、教化之道還有另外一部分，就像太極圖中有白

的一部分，同時還有黑的一部分，這才是完整的教化之道。禮、樂是白的一部分，透過禮樂、孝道、溝通之道，讓我們學會如何做人，如何激發我們的智慧。首先要有禮，有度，先從此學起，後面的射、御學習力量、管理的真諦、成功的真諦，就是建立虎狼之師。大獅王是不是既有智慧，同時又有力量，還有勇氣。

這就是我們的孔聖人把夏商周三聖時代的六藝教化之道挖掘出來，廣傳於世教導後世子孫，同時他用六經六藝培養三千門徒，最終培養出七十二賢人，其實何止七十二賢人，這就是孔聖人廣開教化之門的目的和意義所在。漢唐時完全按照孔聖人的精英教育體系教化年輕人，並且很好的運用之，才有了歷史上的強漢盛唐。但是自宋以後，這套教育體系就開始變味了，宋末元始即1279年以後，整個教養、教化體系開始大轉折，直到現在已經徹底轉向，完全看不到漢唐以及先秦三聖時代的教養、教化之道的影子了。

中華真正要復興，這套六藝教化之道是否應該重新挖掘出來？我們要不要走中華自己的精英教育之道？我們一定要擺脫西方的教育陷阱，真正重回漢唐，將夏商周三聖時代真正的聖賢精英教養、教化之道，重新恢復起來，讓

我們的孩子七歲開始學習做人做事，最後學會傳承這一整套聖人三不朽之學。

# 第九章

## 樂之序化奧祕上古神授

## 中華應用科學五行起修

## 第一節

# 最美聲音符合自然規律
# 序化之道智者穩操勝券

孔子六藝之樂，即溝通之道，講的是人與人之間的溝通，屬於狹義的樂。語言的溝通其實就是聲音的奧祕，語言基本上由三部分組成，即肢體語言、語音語調、語言的內容。前面講解語音語調，也就是我們發出的聲音，其組成不外乎一是語音，一是語調。現在我們繼續講解，發聲中有何奧祕，有何規律，以及如何練習才能有更好的發聲，怎樣才能發出悅耳動聽的聲音。這一點非常重要，溝通三大方面中，語音語調占有效溝通比重的 38%，比語言的內容重要得多。因此我們要著重講一講聲音的奧祕。

有人問：「老師，聲音能有什麼奧祕啊？生下來就會發聲，就會大聲哭，大一點開始會說話，先是模仿，長大以後就什麼話都會說了，哪有人不能說話，不能發聲呢？」

那只是能說話。然而，能說話和會說話是兩回事，能

發聲和會發聲也是兩回事。意思就是聲音是要訓練的,而且聲音的訓練也非常重要,極具意義,因為聲音之中有奧祕。如果一個人說話的聲音圓潤、有磁性,這個人就會有魅力、有吸引力;但是如果一個人的聲音乾癟、沙啞,發出聲音急促、焦躁,大家肯定不愛聽,這個人只要開口講話,別人馬上就不想繼續聽下去,語言的內容再好也沒有意義。因此,語音和語調在溝通中的作用和意義非常重大。

有人接著問:「老師,語音語調還能練嗎?怎麼練啊?」

現在就要講怎麼訓練聲音,我們可以結合西方的心理學、腦神經科學進行講解,而最重要的是結合我們的祖先如何看待這個問題,是否重視訓練聲音。其實孔子六藝之禮、樂、射、御、書、數,第二位就是樂,就是聲音的練習。我們之前講過,樂有狹義、有廣義,狹義的樂是人與人之間的溝通,語言即說話,廣義的樂是人與萬事萬物之間的溝通,昇華的樂即是音樂,是聲音的延伸與發展,而我們現在就在講聲音的奧祕。

有些人表面看著溫文爾雅，甚至有些女孩子看上去衣冠得體、長相文雅，開口說話卻馬上顯得沒教養、沒素質，現在無論男、女在這方面也都一樣。但是，我們發現有文化的人說話，一般都很動聽、圓潤。何謂有文化呢？現在文化與文憑是兩個概念，有文憑不代表有文化，真正有文化的人是指有素養、有教養的一批人。這批人說話的聲音柔和、圓潤、有磁性、有吸引力，不急不躁，使人感覺很舒服，甚至是悅耳動聽。人人都喜歡接觸這樣的人。反之感覺一個人很粗，又何謂粗呢？即是可能知識很豐富，文憑很高，知識面也很廣，經典倒背如流，開口說話就滔滔不絕，看著很有才華，但是聲音很粗魯，聽到這種人說話就把他所有的知識和才華抵消了。

　　現實生活中經常會遇到這種情況，有的孩子說話嫩聲嫩氣，但有的孩子說話粗聲大氣，只要說話就使人感覺粗魯無理。同樣的教育環境長大的孩子，為什麼有的嗓音甜美、圓潤、動聽，而有的從小到大都是滿口粗魯？這是天生的嗎？是與生理上天生的聲帶有關係嗎？那些孩子聲帶天生就粗，所以開口說話聽著粗，但是有文化、有文憑、

有知識、詩詞歌賦倒背如流。事實上，說話粗的孩子必是沒有家教。

有人立刻說：「老師，您這不是無端指責人嗎？孩子說話沙啞，是因為聲帶天生就比較厚、比較粗，您怎麼能說孩子沒有文化、沒有教養、沒有家教呢？」

但事實就是這麼回事。家中有規矩、有家教的孩子，如何說話一聽一看便知。所謂聲音的奧祕，為什麼有人說話好聽、文雅，有人說話就是不中聽、不耐聽，特別粗魯，蠻橫無理？我們逐步展開講解，首先我們前面一再講，聲音是波、振動波，亦即是頻率，其實這就是聲音的祕密所在，看發出的聲音是什麼頻率。

大自然中有優美動聽的、自然的聲音，像音樂一樣的鳥語花香，風吹樹梢沙沙作響，伴著鳥語，伴著蟲鳴，我們就能夠傾聽大自然，尤其春天來了，野外的大自然就像一曲交響樂一樣，鳥鳴、蛙叫、蟬鳴、狗叫，各種昆蟲的鳴叫，風聲、水聲、樹葉聲，聽起來好像聲音特別嘈雜，但當我們仔細靜聽的時候，感覺就像一曲交響樂一樣的動

聽，這就是大自然環境符合自然的頻率。也不是所有的大自然環境，都符合所謂的自然頻率，都是優美動聽的，如果到了環境特別惡劣的地方，即所謂窮山惡水、窮鄉僻壤，再仔細靜聽，風不是發出柔和的聲音，而是如鬼哭狼嚎一樣的風聲，下雨都是暴雨，甚至陽光都是暴曬、烈日炎炎，所以稱之為窮山惡水，沒有和諧大自然的交響樂般優美動聽的自然樂章。

　　為什麼有如此天壤之別？因為大自然的聲音中有噪音，同時也有優美的樂聲。聲音就是振動波、是頻率，而頻率是宇宙最基本的構成，是一種能量。所有的萬事萬物都是以波、振動、不同的頻率形式存在的，這些頻率中有符合自然規律的，也有打亂自然規律的，即有序的頻率和無序的頻率。有序的頻率符合自然生發之道，無序的頻率就是自然中的敗空之道。人與人之間溝通的聲音，同樣是或者符合自然生發的、正向的、序化的頻率，或者符合自然界中敗空的、無序的頻率。如何使人願意聽你說話，覺得你說話有磁性、有魅力、令人歡喜呢？就是要符合自然中的序化之道，即是序化的生發的頻率。

那麼有人問了：「老師，什麼聲音符合自然的生發之道，什麼聲音又不符合自然的生發之道，而是符合敗空之道呢？」

再具象一點，其實就涉及到宇宙自然的發展規律了。宇宙自然到底是按照什麼樣的規律發生、發展和終結的？而自然的發生、發展之道，亦即是自然的序化之道，必是要符合自然發展規律，即所謂「人法地，地法天，天法道，道法自然」的規律。符合這個規律，即是謂序化之道，不符合自然發展規律、違背自然發展規律、打破自然發展規律，即是無序，謂之敗空之道。以聲音為例，聲音之中就有序化之道，也有敗空之道。

我們中華的上古智慧，自然的發生發展規律，一定要符合「無極生太極，太極生兩儀，兩儀生四象，四象生八卦，八卦定吉凶」的規律，這就是事物正向的發生、發展規律，違背這個規律就是負向的、無序的，就是失道、敗空。在聲音上更能夠體會這方面的意義和講究，聲音上當然也有事物的發展規律，有陰陽，有三才、四象、五行，這就是聲音的奧祕所在。在聲音的發聲上，如果能夠符合

陰陽、三才、四象、五行的規律，所發出聲音的頻率就是正向的頻率，就有魅力、有磁性，就是正向的生發之道，這就是其規律。

如果不符合這個規律，甚至打破了這個規律，那就是敗空之道，發出的聲音聽起來就感覺不好聽。何謂敗空？意思就是不要再說了，剛剛開口還沒說兩句話，還沒聽到內容，就已經被打斷了，別人就不願意聽了，就會認為內容也不會好，這人就是個粗人，不是有文化、知書達禮之人。僅透過一個聲音就能有這麼多的感覺和認識，現實中一定要好好體悟我剛剛所講的，從小到大都回顧感受一下，聲音是不是很重要。

看電影、電視劇時，有些所謂的壞人、惡人，配音都是野蠻彪悍、粗聲大氣、蠻不講理的感覺，都是透過聲音表現出來的。

有人說：「老師，也有那種細聲細氣，特別溫文爾雅的人，但是特別壞、特別陰險！」

是有這樣的人，但我們在此不是講，透過人的聲音判

斷這個人的好壞，我們在此所講的是，透過聲音能夠把人的內涵表現出來。聲音是需要訓練的，聲音不是一生下來能發聲說話了，然後就會說話了、就會發聲了。能發聲不等於會發聲，能說話不等於會說話，這就是本書用了這麼大的篇幅，一直在講的重點，到底是能發聲還是會發聲？怎麼才能做到會說話？真正發聲的奧祕，就是陰陽、三才、四象、五行、六合、七星、八卦、九宮這一整套大道自然的規律，一定得符合這套規律。

有人不解，「老師，發聲怎麼符合這些規律呢？每開口說一句話，還要想想陰陽、五行嗎？得想一想木火金水土，相生相克？」

那倒不是要這樣說話，這要是這樣就不會說話了。真正優美的聲音，真正符合三才、四象、五行的聲音，即所謂頻率，就是真正符合了事物發展規律的頻率，這是從小練出來的，一定要記住這一點，要從小訓練。

有人馬上追問：「老師，長大以後還能再練聲音嗎？我已經三十歲了。」

三十歲以後再練聲音即所謂後天之力，先天已經形成了，後天再去努力練，能有所改善，但是肯定不如從小就練發聲，練習聲音的序化，使之符合陰陽、三才、四象、五行的規律。如果是從小開始練習，長大之後就是先天的發聲，先天即符合自然的規律，先天發出的聲音就有魅力，所以其中的原理就在於此。萬事萬物的發生、發展都不離序化之道，序化之道即是無極生太極，太極生兩儀，兩儀生四象，四象生八卦，萬事萬物符合這個規律，就會正向的發生、發展、序化，有序的發展；不符合這個規律，就是無序的，就很容易進入敗空的狀態。

任何事都是如此，一段婚姻、一個計畫、人的命運、人的身體是否健康，都要看是否符合規律。然而是否符合規律，如何能夠知道呢？怎樣才能知道自己的身體狀況，計畫成功與否，這段情感的發展，命運是否符合大道規律呢？這就是我們中華的上古聖人留傳給我們的智慧，如何知道自己現在的狀態是否符合宇宙序化的狀態，是有方法和手段的，同時也有其理，這就是我們要學習的。

我們講六藝之樂，是在講聲音、講溝通之道，即是以

聲音為主，透過聲音來講宇宙的序化之道。其實，管理也是既有序化之道，又有無序之道；所謂成功，也有成功的序化之道和無序之道；情感亦有情感的序化之道，又有情感的無序之道；要爭取財富，財富既有財富的序化之道及財富的無序之道、敗空之道。如果這些大道規律不掌握，做事做人一定是困惑、迷茫，即使成功了也不知道是因何成功；擁有一段美好的婚姻，也不知道為何會擁有，這段婚姻突然失敗了，也不知道為什麼會失敗；身體健康不知道為何健康，不健康時也不知道為何不健康；拼命努力的賺錢，卻老是賺不到錢，或者剛要賺到錢時，總是功虧一簣，或者賺到錢之後馬上就必須得散掉，不然就會有災，就會發生意外事件，把剛賺的錢全部散掉，完全不知道為何會如此。

所以，不通達宇宙的理、不通達宇宙的道，即使成功了也是迷茫的、偶然的，完全是撞大運，突然一個意外事件，或者一個計畫、一個人的偶然出現，有可能突然實現成功，也有可能突然前功盡棄，或者看似已經成功卻被一夜打回原形。為什麼總是會出現這種情況？就是因為所謂

的成功不是按照規律實現的。掌握規律，再運用規律，然後才能使自己真正達到成功。根本不知道規律是什麼，成功就不是計畫好的成功。

有人很詫異，「老師，成功還能計畫好？任何事的發展，不都是摸著石頭過河嗎？」這種觀念是錯的，真正的成功絕不是摸著石頭過河，都是運籌帷幄之中，決勝千里之外。每場戰役在開始打響之前，真正的智者必是已經穩操勝券，如果不能做到穩操勝券，智者一定不會發起戰爭、不會參與戰役。只有所謂的莽夫，沒有智慧的人，是邊打邊看，也許能夠打贏，打輸了也沒辦法，就是一味的拼命，這就不能稱之為智者，就不是掌握規律的人。真正掌握規律的人，必是「乾坤在我手，宇宙任我遊」。何謂乾坤在我手？即勝負都在我的掌控中，這場戰役我需要失敗就一定會失敗，我要勝利就一定能夠打勝，之前的失敗也是為了更大的勝利，這一切都在我的掌控之中。

有人不敢相信，「老師，真的能這樣嗎？真有這樣的人嗎？」

我們為何學習智慧，學習古人的智慧，學習國學大智慧？難道僅僅是為了講講課，為了為人師表，為了展示自己才華橫溢嗎？不是的。我們之所以要學習這些上古的智慧，學習國學中華文明，就是要使我們的人生富足、圓滿、成功，要使人生有意義，我們要學的是經邦濟世之學，是要在現實中實際應用的。

　　掌握了這套智慧，就是要做任何事都在自己的掌控之中，任何戰爭的勝敗都在自己的掌控之中，甚至事物發展的結果全都在自己的掌控中。如果不能真正做到這一點，我為何要講課著書，浪費時間做無用之功。實際上，如果做不到這一點，聖人就不會出世，歷史上諸如孔聖人一類的聖人出世，就是要教化後世子孫學會這些學以致用的經邦濟世之道，所教的不是僅僅學會一套哲學理論，而在現實中不知如何落地實用，中華上古聖人傳授的智慧，是最實用的一門科學、學問，體現在我們生活的方方面面。

　　正如我們現在正在講的六藝之樂，也就是在講溝通中、發出的聲音中，包括演奏的樂器音樂中，如何能使事物發展的規律、序化之道，真正表現出來、表達出來，而且能

夠落地實用。要記住，樂、聲音都不離五行，序化的聲樂，其奧祕就在五行中，所謂序化的頻率即是符合五行生克之理，五行俱全、不缺、不漏、不乘、不侮、生克有度，如此發出的聲音和奏出的樂曲，就符合自然的序化之道，這就是奧祕所在。

做音樂的人，如果不通五行生克之道、不通五行之理，做出的樂曲即使好聽，自己都不知道為什麼好聽，作了一首樂曲一夜爆紅，流行開來，自己卻不知為什麼，再作一曲大家又不愛聽了，再作一百首大家也不愛，甚至很可能一輩子作了一千首樂曲，其中只有一曲流行。意思就是，如果不通五行生克之道、五行序化之道，作曲成為不了好的作曲家，或者作為一位成功的演奏家，也不知道是如何成功的，只會模仿古人或現代人的成功樂曲，天天模仿別人去演奏，自己就無法去創造，正所謂天天模仿卻無法超越。

前面講的是音樂方面，聲音、說話又如何呢？是一樣的。演講真正打動人的不是語言的內容，而是聲音，即說話的語音語調。聲音包括兩部分，一部分是語音，一部分

是語調，語音語調是首先能夠打動人的，然後才是語言的內容，但語言的內容在有效溝通中僅占比重的 7%。語音語調如何能夠真正打動人呢？語音發出的是一個頻率，這個頻率如果符合序化之道，就像大自然中的鳥語蛙鳴、泉水叮咚一樣動聽；如果不符合序化之道，發出的聲音就是敗空之音。這是理，但知其理還要知道如何用，或者如何訓練聲音，使其符合序化之道，符合五行生克之道。

聲音符合五行的方法又是什麼呢？到底如何訓練呢？對國學感興趣的讀者，沒有不知道陰陽五行的，這是我們國學的基礎，是哲學基礎、理論基礎，是一整套上古智慧理論體系的基石，如果不懂、不通就無法研究國學。研究經典，一定要先把基石研究清楚，如果陰陽不通、五行不識、八卦不知，最基本的理論、概念都不清楚，國學根本不可能開始研究。如果既不通理，又不會用，中醫醫學也學不明白，更不要說應用於管理，應用於成功之道、帝王學，應用於武功、軍事等各個領域了。不通陰陽、五行、八卦，即所謂離道甚遠。

# 第二節

# 人居天地之間掌握天地之道
# 西方挺進核心中華正在遠離

　　中華智慧講究道，循天之道，合地之規，中通人事。人居於天地之間，天地人中以人為尊，先有人而後有天地；天之運行規律稱為天道，天道規律遵循著陰陽、五行、八卦這一整套自然發生、發展的規律；地之規，所遵循的規律即為現在的物理學規律、物理定律，比如熱力學定律、動力學定律，這都是地之規，亦有其一整套規律，而天之道和地之規，基本上是兩個相反的理論體系以及基本概念體系，無論時間、空間等各個角度，天道與地規都是相反的。

　　因此，不僅要在現實中掌握地之規，即我們現在天天學習的所謂自然科學，諸如物理學、化學、數學等定律，都屬於自然科學範疇。一定還要通達天之道，即宇宙萬物形成的本質，宇宙萬物生成及發展的規律，所符合的就是

陰陽、五行、八卦這套規律。但是，不要把天道和地規混為一談。人在天地之間，人掌握了天之道、地之規，就形成了人倫道德體系。如何遵循和運用天之道，如何適應和運用地之規，實現人的成功、人的圓滿，這就是我們學習國學的意義所在。

我們現在講解聲音的奧祕，即如何發聲。然而，如何訓練聲帶、聲線，稱為地之規，是西方學習音樂、練嗓子的一套發聲訓練，不是我們要講的。我們在此要講的是聲音中的天之道、音樂中的天之道，首先理解和學會聲音天之道要如何培養、訓練，然後再結合現實中物理學、自然科學定律的地之規，才能形成一整套完整的樂。

夏、商、周三聖時代，以及上古留傳下來的教化之道，六藝之中每一藝都非常宏大。僅是禮、樂，我們用了兩本書的篇幅，還僅僅講了一個框架，無法真正深入展開。所以透過禮、樂，以及未來將全部射、御、書、數的六藝挖掘出來，其實就是為了教大家一個方法，最後讓大家知道六藝是在分門別類的教化，先分出了六大類，包含天文、地理、人事，雖然六大類的領域各有不同，但是我們解讀

的時候就會發現，其實都是一回事，講的都是一件事，都遵循所謂的天之道。雖然地之規在六藝的六大類中各有不同，但是天之道必是合一的，沒有二，所以天道稱為不二法門，萬事萬物必然符合一個規律，沒有第二個。落到地上之後，在現實中各個領域有各自的定律，各自按照自然科學定理、物理學定律等等發展，各不相同。

雖然在地的層面不同，在天的層面完全都是一致的，人居於天地之間，掌控著天地之道，使天之道、地之規為我所用。掌握這些，就能掌握我的情感、我的財富、我的命運，就能掌握任何事物的發生、發展及結局，就是能夠把握自己命運的神人。其實很簡單，整個國學我們就是在學這個，要牢牢不忘的是，學習國學體系就是為了下面三句話，第一找回自我，即是不向外求；第二掌握我的命運，自己的命運掌握在自己手中；第三圓滿我的人生。其實無論學國學、學中國傳統文化、學中華先祖的智慧，不外乎這三方面，首先找回自我，不向外求，進而掌握規律，就掌握了我的命運，最後不斷圓滿我的人生。難道大家不都是為此，才來學習中華上古智慧的嗎？不斷挖掘上古智慧，

學習中華先聖的經典，這就是我們學習的目的和意義所在。

我們要學習國學大智慧，一定不是僅僅出於興趣愛好，是有明確目標的，因為只有目標先明確了，才不會走錯路。中華文明的基本信仰，即「無神俱靈論、敬天、法祖」三大基本信仰，我們所有的陰陽、五行、八卦一整套理論體系，其實完全建立在這三大基本信仰之上，亦即是在天道規律的層面上，信仰是基礎是前提。而現在西方的科學科技，則屬於地之規的範疇，西方一直在憧憬嚮往，因為現在科學已經達到了瓶頸，要尋求突破。在地的層面，即自然科學的層面，西方已經走到了極端、極致，再想往上爬，根本上不去了，就是因為他們不具備天道規律這個層面的研究能力，只是在地面往天上研究。

因此，西方在研究微觀、量子物理學的時候，發現所有符合自然科學中宏觀物理學定律，即分子結構以上的一整套物理學研究，牛頓經典物理學的定理、定律，比如動力學定律、熱力學定律等等，在原子以下的微觀世界，即量子物理學的定理、定律中，時間空間概念是完全顛覆的，完全不是一回事，不相符合，甚至是完全相反的，所以他

們非常困惑，不知道原因為何。

其實我們中華的祖先，早已將這個問題闡述得清清楚楚、明明白白，微觀、量子物理學的研究，即原子以下更細微的物理結構研究，其實就是符合了孔聖人所說的上古智慧中「形而上者謂之道」的規律；而分子以上所謂能夠眼見的現實世界，即是孔聖人稱為「形而下者謂之器」的世界。現代宏觀、經典物理學研究出的定理、定律是具有不確定性的、無法預見的、無法預測的；而微觀、量子物理學研究的定理、定律，是完全顛覆的、相反的，但原子以下的微觀世界定理定律，反而決定著分子以上宏觀世界的一切。也就是說，西方世界透過量子物理學的發展，摸到了天道的邊、一點皮毛，但是他們正在努力透過皮毛向核心挺進。

而中華古聖人早在夏商周時期，甚至更早的上萬年前，就已經知道有天之道，而且已經會運用。西方直到現代才摸著天道的邊，不過一百年時間，而且現在已經無法繼續發展了。西方不知道所謂天道這個基礎科學領域，其應用技術應該如何呈現。對於接近天之道的量子物理學應用，

是要應用的極其微小的範疇內，西方突破不了，因為基本的理論體系西方現在還沒有掌握，只是掌握了一些碎片。因此我們中華古人太聰明、太偉大了，我們在上古伏羲時期，大約一萬年以前，就已經知道這些天道規律了，我們知道宇宙的結構分為天地兩部分。

孔子在《易經・繫辭傳》中，開篇即告訴我們宇宙的結構，所謂「天尊地卑，乾坤定矣」將結構的序列都呈現了出來，天是尊，地是卑，天決定了地，宇宙的結構就是天和地。我們的祖先如此的聰明和偉大，但是現在這一整套陰陽、五行、八卦定律，即天道規律，現在的中國人、炎黃子孫還掌握嗎？其實早就掌握不了，早就不知道怎麼用了，只留下了一些名詞，所謂陰陽、三才、四象、五行、八卦等。

然而，西方世界經過不斷的研究，現在已經接近天道的皮毛，甚至已經掌握皮毛了，雖然那距離核心還遠得很，雖然我們總是笑話西方笨，但現在看一看那些微觀、量子物理學定律，所有國際上承認、認可的量子物理學實驗資料，以及得到的實驗成果，在我們中華的經典古籍即上古

的智慧中，都有詳細的闡述。只是西方在這一方面所得到的基本上都還是碎片，距離整體掌握天道理論體系相差太遠，除非他們真的能夠把中華上古智慧、上古經典研究透，才會找到現代科學新的發展方向。

現在的我們憑什麼笑話西方！我們的古人非常偉大，但我們現代人還偉大嗎？現在的炎黃子孫，還有誰能掌握陰陽、五行、八卦？全都是紙上談兵，天天研究那幾個基本概念，雖然開口即是五行生克，但有幾個真正掌握，真正會用？甚至大多數人都在詆毀陰陽、五行、八卦這套理論是虛的、不存在的，沒有現實意義。因為根本見不到，更不知道怎麼用，當然會認為沒有現實意義。現在能看到的僅是西方科技的發展直接能應用，火車、飛機、大炮都現實可見，當下看不見的就先評價為沒有意義，當下不會應用的就不去承認。

現在很多所謂的科學家、學者貶低中醫，但並不貶低中藥。認為中藥好用，是因為現在的日本和美國，尤其是日本對中藥的研究特別深入、特別到位，而且已經形成了一套能夠創造很高利潤的中藥產業體系。所謂的科學家、

學者們，看到日本中藥研發和應用成效，不敢說中藥有問題，就一味的貶低中醫、打擊中醫，詆毀這套陰陽、五行、八卦的理論體系。然而，如果真的把這套理論體系否定了，整個中醫體系也就被否定了。但現在很多知性的學者、科學家，都在做這種事，不斷的呼籲取消中醫、取消漢字，文言文已經被取消了，中醫如果再被取消，中華這一整套陰陽、五行、八卦的天道理論體系，就要徹底消失、消滅了。當這套天道體系被消滅，我們的中華文化基本上也就沒有了。

因此，現在的炎黃子孫，已經完全遠離了天道核心，甚至已經遠離了皮毛。西方透過微觀物理學，不斷的接近皮毛，一直在向著天道的核心，要穿透皮毛挺進核心。雖然西方進展得慢，但是在東方現在中華民族炎黃子孫的狀態，雖然早就掌握了核心，但是經過上千年的文化毒害，反而不斷的遠離核心，從核心向外脫離，現在已經接近皮毛，正在穿透皮毛，進而繼續遠離皮毛，這就是我們中華的現狀，遠離核心甚至遠離皮毛，與道背道而馳，離道越來越遠。

西方透過實證科學、應用科學以及現代物理學，正在透過表象認識宇宙的真相，是在往裏進，而我們現在卻在往外逃。現狀就是這樣的反差，誰該笑話誰？中華老祖宗、先祖有大智慧非常偉大，毋庸置疑，但是現在的炎黃子孫，只能稱作是不肖的子孫，已經把祖先這套智慧全部否定掉，徹底排斥，反而天天向西方學習。與此同時，西方各個領域的精英們，都把目光盯向了中華，但盯向的不是現在的中華，而是古中華。

幾十年前，西方曾把目光盯向了印度，認為在印度能找到東方古老的智慧，希望由印度的古老智慧，重新開啟他們現代科學的發展方向，結果研究印度文化幾十年不得其門而入。於是現在近三十年來，很多西方的科學家、政治家、哲學家、思想家、心理學家等等，各個領域的西方精英，已經把目光指向了中華古老的文化。諸如比爾蓋茲、索羅斯、巴菲特，都在中華設有文化基金，在中華投入了很多錢，去尋找掌握古老大智慧的人，從而為他們所用，二三十年前就已經開始了運作。

# 第三節

## 以類萬物之情五行連整體
## 神州文明核心一切不離五

中華這一整套天道規律的理論體系，建立在陰陽、五行、八卦這幾個基本概念的基礎之上，整套理論體系的奠基就是三方面。陰陽、五行、八卦三個名詞可能天天能聽到，但是知道如何用嗎？知道其真實的含義嗎？這才是核心問題。

我們不管是在講六藝、講六經，還是在講《易經》、講兵法、講《鬼谷子》，或者在講陰陽學、玄學、奇門遁甲、太乙神術，無論講什麼，一定離不開陰陽、五行和八卦，離開這三個前提就不能稱其為中華古文明，所有中華的古智慧、古文明一定建立在這三個基本概念的基礎上。

我們正在講樂，樂中有五行，掌握了樂與聲的五行規律，就掌握了樂與聲的奧祕，就能夠運用，進而再掌握方法就知道如何序化、如何訓練了。樂中有五行，木火金水

土，五行相生相克。五行有生克關係，相生相克而成一整體，其中的含義非常之深奧，但是如果不知道五行到底是什麼，只知道基本概念沒有意義，不知如何運用五行，學習國學在現實中就不知道如何啟用，就只知道空泛的理論，而無法啟用。五行是中華智慧體系中最核心的樞紐部分，即掌握了五行，就掌握了中華智慧體系的核心，學會運用五行，就能掌控宇宙萬事萬物的發生、發展，不會運用五行，就無法察覺、感知，以及改變事物發展的方向、過程與結果。

有人問：「老師，事物的發展過程以及結果，真的能改變嗎？人的命運能不能改變？一段婚姻能不能改變？我的健康狀態能不能改變？」

答案是肯定的，能改變。但是在中華大智慧的引導下肯定能，而西方不可能，透過西方哲學體系、西方的修行方法，想改變人的命運則是癡人說夢。為什麼？因為到現在為止，西方都沒有一整套行之有效的理論體系，即形而上部分的理論體系，完全透過形而下的部分改變人的命運、改變一段婚姻、改變身體狀況，是不可能的。所謂形而下

改變身體狀況就是西醫的理論和方法，胃痛治胃，肝痛治肝，瘟疫來了就發明疫苗對應瘟疫的病菌、病毒，這都是形而下，透過形而下的方式改變整個身體的結構、狀態，根本不可能。更不用說透過西方的科學科技改變命運，改變一段情感，更加不可能。

這些都是形而上的範疇和領域，亦即是屬於天道的範疇。人之所以能夠改變自己的命運，能夠掌控自己的命運，一定要同時掌握天之道和地之規。天之道是謂乾，地之規是謂坤，所以我們必須做到乾坤在我手，才能實現宇宙任我遊。僅僅掌握一樣，是不可能掌握命運的，不可能改變整體，這就是東西方之間，中華文明與西方文明的根本區別所在。

我講解國學大智慧，不是僅從字面上給大家講哲學，也沒有華麗的辭藻，不會給大家講那些所謂的道理，辭藻再華麗，語言再優美，表現的再博學，講出的東西沒有用，讀者根本不知道怎麼用，只是感覺很博學，即使經典倒背如流、語言華麗、滔滔不絕，也不必浪費時間去讀去學。在此我透過樂來告訴大家，我們中華上古的智慧，是天道、

地規與人三者的結合，三者合稱為三才，必須三才聚合，才能掌握事物的發生、發展及結局，即命運才真正掌握在自己手中；而天之道最基本的概念和前提就是陰陽、五行、八卦三方面，地之規是自然科學的運行法則，人同時掌握、把控天之道與地之規，我們居於天道地規之間，就能掌控自己的命運、掌控國家的命運、掌控民族的命運，才能改變甚至轉化負面的、敗空的結果，這就是奧祕。

有人高興的說：「老師，那太簡單了！陰陽、五行、八卦我都知道怎麼回事。」

怎麼可能這麼簡單？你以為自己知道，你真的會用嗎？因此，我們透過六藝之樂，就是在講授如何應用。真正好好領略一下中華的天道到底是什麼，地規又是什麼，何謂中通人事。要真正透過人的倫理道德體系，把天之道和地之規融合到一起，才能真正做到立德、立功、立言。

陰陽、五行、八卦這套體系是什麼時候開始出現的？告訴大家，中華上古時期就有，不是有些人說的先秦時期、春秋戰國時期才有的，那樣說是錯的。何謂上古？伏羲時

期是不是很古老了，然而實際上中華的這套智慧體系，早在伏羲之前就有，只是伏羲是第一個使之呈現的，第一個教給人類的，所以稱之為始祖，但是這套智慧體系在伏羲之前早就已經有了。

有人不信，「老師，您有根據證明五行、八卦在上古時候就有嗎？」

當然有根據，就在《尚書・洪範》有所記載。《尚書》是六經之詩、書、禮、樂、易、春秋中的一部經典，詩是《詩經》，書即《尚書》，其中「尚」這個字通上下的「上」，尚書意即為上古之書，而上古的時候是沒有年代、沒有年份的，就是遠古時期留傳下來的經典，亦稱為遠古時期留下來的記錄。《尚書》中有一篇文章《洪範》，其中記載著「五行：一曰水，二曰火，三曰木，四曰金，五曰土」。

同時把五行的特性也都寫得清清楚楚，「水曰潤下，火曰炎上，木曰曲直，金曰從革，土爰稼穡。」五行的意義都呈現出來，木是曲直是什麼意思？即彎曲與伸張，生發必是從木開始，小樹發芽即所謂從木開始；金是從革，

即可以分割,謂之收斂;土是稼穡,即播種收穫。水之德是潤下,火之德是炎上,即集中向上發展,木之德是生發之力,金之德是收斂之力,土之德是融合包容、中和之力。甚至將味道都與五行做了比較、分類,「潤下作鹹,炎上作苦,曲直作酸,從革作辛,稼穡作甘。」這就是《尚書·洪範》裏面記載的五行,而尚書是上古之書,如此可見我們的五行概念在上古時期早就有了,是屬於中華上古神授文明中,最核心的理論體系的前提和基礎,是奠基石。

五行講解得最清楚而且應用的最直接的就是《黃帝內經》,直接應用在人的健康維護上,人的五臟即人體內的五大運行體系,就符合五行的分類,每一大運行體系都有其特性。比如,水配合我們的腎,火配合我們的心,木配合我們的肝,心配合我們的肺,土配合我們的脾胃。

五行存在於萬事萬物之中,整個宇宙的萬事萬物,在五行的前提下融合成為一個整體,亦即是因為有了五行的存在,使宇宙的萬事萬物之間形成了緊密的連繫。宇宙是一個不可分割的整體,就是在五行的作用下形成的,所以五行概念就是華夏文明整個理論體系中最核心的概念,我

們這套體系即以五為尊。河圖洛書是這套體系最基本的前提，是數術的根基，河圖洛書為我們呈現的符號，都是五居中間，所有其他的數字都圍繞著五變化。五即是尊，是帝王，是樞紐，不能動，為什麼以五為尊？即是因為由五行把宇宙的萬事萬物連成了一體。

為什麼我們能與植物溝通，能與動物溝通？為什麼我們能與動物、植物互動？人如何與天上的雲溝通，與天上的雨溝通，與宇宙中的日月星辰溝通？為什麼人看著宇宙自然日月星辰的變化，就能知道人間發生了什麼事？天地人之間到底有什麼聯繫？又是根據什麼聯繫到一起的？在此告訴大家，天地自然之間、萬事萬物之間，都是可以溝通，能夠相互作用的。而最根本的理就是，天地宇宙萬物都是透過五行聯繫到一起的，離開了五行，天地宇宙萬物不能稱之為一個整體，全都是碎片。因為五行的存在，天地宇宙、萬事萬物連成整體，才會相互影響、相互作用、相互溝通，人才能影響天氣，天氣也能影響人。

歷史上記載影響天氣的人比比皆是，能與動物、植物溝通的人也比比皆是，由此可見這套體系到底存不存在，

五行到底好不好用，五行存在於何處，到底有沒有驗證。諸葛亮、司馬懿都是這類人，掌握了這些，有人說他們都是神人，不是普通人，然而諸如諸葛亮、劉伯溫、張良、姜太公、范蠡等等，都是掌握了五行的理和用，懂得作為一個人如何與萬物溝通，如何左右和掌控一個人的命運，掌握一個事件的發展結果，以及一個計畫、一段情感的發展過程，因為掌握了五行，就能夠做到這些，因為掌握了五行，就能夠運籌帷幄之中，決勝千里之外。

五行不掌握，談何奇門遁甲，談何用兵如神，談何太乙神術，談何風水堪輿，談何神醫濟世？五行都不知道，學了國學也用不了，根本也不知道怎麼用。掌握了五行的理及其運用的方法，天地在眼中就形成了一個整體，就能做到見微知著，明白何謂牽一髮動全身，全身即是指整個宇宙，此時再看日月星辰的運行，就知道與自己有什麼關係，與國家有什麼關係，與山河大地的變遷，與自然災害的形成都有什麼關係，也就可以清楚天災與人禍之間如何連繫。而不通五行就是所謂的門外漢。

有人說：「老師，五行怎麼可能不知道呢？木生火，

火生土，土生金，金生水，水又生木，怎麼會不知道呢？」

那只是你以為知道這些就知道了五行。木都代表什麼你知道嗎？水又代表哪些你知道嗎？你所謂知道的五行，與天地宇宙、日月星辰、山河大地、動物植物如何連繫，你知道嗎？看著天上火星的變動，如何知道地上人世的變動？透過天上的日環食，所謂一個自然現象，如何能夠知道地上要爆發大瘟疫？所有萬事萬物究竟如何連繫，如何對應？為什麼古人有專門的星象官，他們究竟是做什麼的？星象官都就是透過天象的變化、日月星辰的變化，能夠知道朝廷中要發生什麼事，下面哪個州郡將要出事，要發生叛亂，而且提前幾個月、半年、一年就能知道，歷史上這些記載其實也比比皆是。

然而這些現代人都不掌握了，現在不肖的炎黃子孫，把中華上古的智慧否定得一乾二淨。悲哀的是，並非是忘得一乾二淨，而是現在的炎黃子孫打心眼裏就不認同這些，因為接受的教育是把這些稱為迷信、腐朽、糟粕，掌握這套東西的人稱為江湖術士，都是江湖社團，都是騙人、忽悠人的。現在的年輕人還有幾個能把這套體系真正當成智

慧，捨棄身家性命去求學。古之聖人說，「朝聞道夕死可矣」，所聞的就是形而上的天道，意即是這一生能得遇一位明師，給我講明白天道，即形而上的體系是怎麼回事、到底怎麼應用，就算我早晨學到，晚上就死去我都甘願。可見，天之道多麼的難能可貴。

這就是中華上古神授文明的大智慧精髓所在。即使不論天文地理、日月星辰的變動、朝代的更迭、天災人禍的關係，僅說中醫這個方面，應用的就是天道，就是這套陰陽、五行、八卦體系。現在我們身邊的中醫用什麼調整身體的五行，是應用藥力調整身體的五行，藥本身即是植物，植物本身分為五類，即植物有一類是水的屬性，一類是火的屬性，一類是木的屬性，一類是金的屬性，一類是土的屬性。而人的五臟也分為這五類屬性，中醫應用的就是五行生克，透過中藥的五類屬性和五臟的五類屬性之間的生克關係，從而實現植物與人體的連接，只要使植物和人體形成一個整體，就能相互作用，這就是中醫的藥理。

中醫有兩部經典，一部是《黃帝內經》講的是理論體系，即是講五行如何應用、萬物如何對應的理論體系；另

一部經典是《神農本草經》，講的就是藥理、藥性，就是365種植物的五行特點和屬性，知道了植物的五大類屬性和人體的五大類屬性，就能透過植物與人體之間的五行生克關係，用藥調整人體，即所謂建立植物與人體之間的五行對應連繫，就能夠相互起作用。中醫在中華運行、實踐了幾千年，甚至上萬年了，宋朝時期又根據經絡之間的五行生克關係，透過針灸調整身體的五臟狀態，亦即是把人體的經絡和五大類內臟系統，用一根針連繫起來，這就是中醫。

再者，調整了五行，既能調整身體狀態，又能調整一段情感，還能調整專案的發生、發展及結果，甚至人生的命運也能夠調整。而我們現在正在講六藝之樂，正在講音樂、聲音的奧祕。講這麼多五行，與音樂有何關係？與語音語調又有何關係呢？前面所講的都是鋪墊，都在打基礎，先講明白最基本的理，真正講到語音語調時，畫龍點睛，只需一點就能理解清楚了。前面的知識理念都不懂、不通，甚至不知道，後面直接講根本不可能聽明白，都是整體性的。

前面以中醫作比方，告訴大家運用五行，可以透過植

物和人之間的五行生克關係，調整和改變人的生理狀態，這對中國人來講不容置疑，幾千年來在中華大地上中醫的神奇、中醫的療癒效果不用多講，顯而易見。用中藥能調整五行，我們學習講究舉一反三，大家認為還可以用什麼來調整五行呢？可不可以用聲音調整五行？可不可以用音樂、樂曲、語言調整五行？按照規律，聲音應該分幾類？我們口中發出的聲音、樂器發出的聲音等等，宇宙自然中所有的聲音，毋庸置疑一定可以分為五類。古人告訴我們，宇宙萬事萬物都能夠分成五類，所以萬事萬物都能連繫成為一個整體，這就是所謂「以類萬物之情」，是我們古人的大智慧。

所有的萬事萬物都能分五類，水分五類、山分五類、植物分五類、動物分五類、鳥獸分五類、雲分五類、雷分五類、人亦分五類，這是必須掌握的。因此，我們現在繼續講聲音，講授如何訓練聲音，從而實現聲音的和諧、美妙、動聽。首先，聲音分五類，發出任何聲音都可以分為五類。

調亦分五調，所以前面書中我們講方言的時候，講到

夏、商、周時期我們中華的口語都是五個調，而現在我們的普通話只剩下四個調，少一調，所以現在的普通話並不符合五行，就會有缺、有漏。有缺有漏的時候，現在說普通話表達的含義就不徹底，更不能盡其意。而現在的廣東話、上海話、福建話，就是南方的方言體系，基本上還保留著五個調，所以前面講過客家話、廣東話很接近中古時期的方言，五調俱全就意味著五行俱全。

有人問道：「老師，古人是怎麼發明的音調？」

事實上，音調並不是古人發明的，本身就是上古直接傳下來的。說話以及說話的音調，都是後來人向古人模仿而來的，亦即是上古直接傳下來的，不是人發明的。而我們中華所有上古傳下來的，一定都符合五行，我們的字符合五行，我們的藥符合五行，我們的聲音也符合五行，一切都符合五行。所以，中華為什麼稱為中華？五居中，不是指地理位置，中國也不是在陸地的中間，更不是地球的中間，地球是圓的，根本沒有所謂的中間。中華的中即是五的意思，所謂神州大地五居中，我們中華的一切都不離五，我們的語言不離五、文字不離五、聲音不離五，離開

了五就離開了中，離開中就偏了。這就是中華大地的意思。

我繼續再來講樂，一個樂字中的含義非常多也非常深。無論音調、聲音，都分五類，聲音分為哪五類？《黃帝內經‧靈樞》之邪客篇有記載，「天有五音，人有五臟。天有六律，人有六腑。」即所謂天上之音分為五類，天之道即形而上有五類聲音，與人有五臟相對應。天有五音即宮商角徵羽，人有五臟即心肝脾肺腎，天之五音如何對應人之五臟？《黃帝內經》記載，角為木音通於肝，徵為火音通於心，宮為土音通於脾，商為金音通於肺，羽為水音通於腎，於是就溝通了五音、五臟，之後還有五氣，這五種運行方式內在連繫，五音各有其功效。

這就是《黃帝內經》為我們展現五音和五臟的配合，五音即是宮商角徵羽。進而我們發明的樂器，比如我們的古琴也是配合著五音而來，古琴最早就是五根弦，稱為五弦琴，後來又增加了兩根輔助的弦，一是周文王增加了一根文弦，一是周武王增加了一根武弦，從而稱之為文武七弦琴。但是要記清楚，七弦是以五弦為根基、為標準、為主體的，另外那兩根弦稱為輔音。包括簫、笛其實主音也都

是宮商角徵羽，另有兩個是輔音，此即謂天有五音。

《黃帝內經》其實也是上古傳下來的，也是上古的智慧經典。所以，五音即聲音的五種分類，以及人的五臟分類，也是上古時期就有，都不是人發明的，都稱之為神授的文明。因此，神授文明的核心，即是以五居中，一切不離五。五行把所有的聲音、顏色、人的內臟、動植物、行軍打仗、陰陽玄學、治鬼神等，都連繫成為一體。學習中華的智慧，學習華夏的文明體系，一定要從五行開始起修，否則《易經》也不可能看得懂。

有人問：「老師，《易經》與五行有什麼關係？《易經》不是講八卦的嗎？」

八卦從何而來？四象生八卦，而四象即是五行，都是從河圖洛書延伸出去的，五居中，五行研究不清楚，八卦就不要涉及。五行不清楚，不知如何應用，風水也不要再研究了，研究中醫也沒有意義，一切都是以五行為根基的，一定要先把五行研究通。

我們現在講的就是中華的應用科學，起修處即是五行。

五行研究明白，才能得其門而入，所以我們自古有句俗話，即是講修行到真正的入門之處，即是「跳出三界外，不在五行中」，意思是只有看透了五行，才能跳得出三界，看不破五行，就永遠出不了三界，打坐、念佛、念咒都沒有用。不通五行永遠都在三界之內，局限在現實世界的低維度空間，只有看透五行，才能超越三界進入高維度空間，才能真正體會到「形而上者謂之道」，才能真正知道宇宙自然、動物植物，所有一切和人都是一個整體，都是可以相互溝通、相互作用、相互影響的，命運也是其中之一，某一件事也是其中之一，某段情感也是其中之一，財富也是其中之一，於是才真正能夠掌握乾坤在手，五行運用其中，我的命運我掌控。

聲音的奧祕亦在於此。天有五音，自古以來聲音就分五種。既然可以根據植物和內臟的五行對應關係，透過植物中藥調整人的內臟，保證人的身體健康，即中藥能調五行，那麼聲音也分五種，當然也可以調整五行。回到前面的問題，什麼聲音才是好聲音？現在就明白了，必是五行俱全、生克有度的聲音才是好聲音，絕對是優美動聽、有魅力、有磁性的聲音。如果聲音之中缺一音，甚至缺兩音、三音，那發出

的音調就會讓人聽著不舒服，即所謂五音不全。真正五音不全的人，不僅僅唱歌不好聽，說話聽起來都讓人不舒服。

現在我們都說普通話，所有人說話都只有四個調，這就是五音不全。所以普通話聽起來生硬、乾癟、不圓潤、不動聽，而廣東話、客家話，包括上海話，都保留著古風，即是五音俱全。普通話給人的感受特別直接，表達的意思與廣東話相比豐富度差很遠，廣東話以及上海話表達出的意思很豐富，而普通話就很乾癟無趣。因此在語言的魅力上普通話就有缺了，即所謂已經五音不全了。

那麼聲音到底怎麼練？我們的古人，早就已經有一套完整的聲音訓練方法，很小的孩子就可以開始訓練聲音，使其五音俱全，而且五音之中生克有度，既簡單直接又有效入心，保證孩子的聲音有韻律、有節奏，五音俱全就會非常的好聽、圓潤、有魅力。古人簡單實用的方法，妙不可言，完全符合五行的規律，如何訓練我們的聲音，我將在下一冊中為大家詳細講解，使我們每個人都能夠五音俱全、圓潤動聽、充滿魅力。

第十章

日新之謂盛德

詩三百思無邪

不讀詩無以言

# 第一節

## 借假修真心正則天下正
## 十道九醫醫病醫身醫國

樂之道，即樂如何符合宇宙自然的發生、發展規律。合乎規律之樂，其聲音就會動聽、有魅力、有吸引力，能直入人心。其實，樂本身就是抒發情感，可以直入人心，本身亦是能夠修復和改變人心的方法和手段。宇宙中，聲音是很重要的，除了視覺即眼睛看到的，最重要的就是聲音，我們離不開聲音，聲音為我們傳遞資訊，讓我們可以有效的溝通，我們主要依靠聲音進行人與人之間的溝通，而人與物、人與自然之間的溝通即是高維度的溝通之道，亦即是廣義的樂。

書中我們首先講授狹義的樂，即發出的聲音，如何才能符合天之道、地之規。人如何透過聲音的訓練，符合宇宙自然的規律，達到人生圓滿的目的。其實修樂之道亦即是修行之道，因此，我們繼續詳細的講一講，樂究竟如何

符合天道。上一章講到樂分五音、聲分五音，根據《黃帝內經》中的記載，天有五音即宮商角徵羽，而五音配合著五行，即木火金水土。於是我們又講了五行的重要性，五行是中華文明的樞紐與根基，一切萬事萬物不離五行，看透了五行，現實中就會成為有巨大神通的神仙。

常有人說：「老師，我想練特異功能、練神通。」

真正的特異功能，真正的神通怎麼練呢？絕不是現在很多流行的書上所寫的，所謂的意守丹田，大小周天周轉，真氣運行刺激松果體，氣足以後，松果體被激活，天眼即打開，然後出現各種神奇的功能，比如上能看天，下能看地，能見天堂地獄，能看神仙鬼怪，甚至能看到一切，前知五百世，後知五百年。然而並不是那麼回事，這種大小周天、意守丹田的練法，是純粹的盲修瞎練，沒有人能真正練成，而且我見到過太多這樣練壞的，即所謂練得走火入魔，神通沒練成，卻練成了神經。

很多書上寫著所謂意守丹田，其實人不可能把注意力集中於一點，即完全集中到身體的一個部位，如果把注意

力完全集中在身體的任何一個部位，達到一定時間以後，整個機體就會紊亂。因為身體更深層次的運行，是以植物神經、自律神經為主，不會受我們的意識影響。比如我們的呼吸、心跳、胃腸蠕動等等身體的運行機能，深層的背後有一整套體系在運作，絕不是意識能影響的，如果用意識影響呼吸，天天觀呼吸、聽呼吸，或者把注意力完全放在呼吸上，後來逐漸反而不會呼吸了，會形成呼吸紊亂。其原因就是因為影響了本來不受意識控制、自己運行的植物自律神經。其實，我們不要有意識的管植物自律神經，否則反而越管越紊亂，從而形成意識干擾。

很多書上所謂的意守丹田即是如此，把注意力集中在身體的任意一點時，整個身體的氣血就向那一個點集中，天天如此意守丹田的結果即是氣血總向丹田部位集中，久而久之整個機體就會氣血紊亂，就會出現各種身體問題、各種症狀，最後就神經錯亂了。所以才告訴大家千萬不要這樣練。

有人懷疑，「老師，您說的這些有根據嗎？」

有根據。古人一再告誡我們，「修行一定要借假修真。」這句話非常的重要。何謂假？即我們的身體、肉身是假，而不是真。然而，離開肉身修行是不可以的，但同時又不能太過注意和重視肉身，不能僅在肉身之上進行任何的修行，可以借助肉身去修真。此處所謂的真，就是修行中的不傳之祕，也就是所有修行的經典，無論佛法、道法、儒學，都在講同一件事，何為真？如何尋找真？《道德經》開篇即是講真，整篇一再講述何為真；儒學、佛法和道法其實都是一樣，找到了真，真正去修真，是借假而修真，而不是在身體上修。

身體組織器官哪有丹田？臍下一寸三的肚子裏是小腸，那裏有什麼下丹田？有何可以意守的呢？其實根本就是不懂，所謂丹田之中有爐鼎，修道即金丹大道，首先得找到爐鼎，亦即是修煉時安放金丹的地方，這個地方找不準、找不到，無從起修。如果在身體上，所謂臍下一寸三的下丹田天天意守，認為這個部位有個爐鼎，越守越熱，守到後來腹脹如鼓，各種問題呈現，進而氣血紊亂，甚至最後既怕黑又怕光、怕恐怖的聲音，繼續再修下去，就會

變成精神病，出現幻覺、幻聽。

因此，千萬不要借假修假，不要在所謂的假上起修。所謂的小周天，並不是說沒有小周天，當然有小周天，但真正的小周天修行，根本不像書上所說的，身體上的各個穴位形成一圈稱為小周天，一股熱氣來回循轉，頭頂裏面有一個松果體，即所謂上丹田，亦即是天眼之所在。其實根本不是那麼回事，完全不可以在身體上意守丹田。古代修真的經典中一再告誡我們，修真首先必要找到爐鼎的安放處，這很重要，同時記載爐鼎既不在身內，又不在身外，那從身體上怎麼找？肉體上根本找不到爐鼎，所以不可以在身體上修。

在此講幾句與修行相關的內容。我們之前一再講，修行必有明師，而明師所起的作用，即是真正得遇明師之後，只需一點化爐鼎在哪裏，亦即是從哪裏開始起修，一旦找到爐鼎或是知道何為爐鼎、如何起修，之後就可以自己修行，走入修身之正道了。因此，必須得有明師指點，這絕不是個人能夠想像出來的。即使讀遍千經萬律，各種佛家、儒學、道家的經典，經講得頭頭是道，人看得心花怒放，

但是如果不知如何起修，則一修就錯。還是那句話，修行路上步步深淵、步步陷阱，不要以為天天夢想著修行，看幾本書就能修行上天了，實際上想看書修行修上天的，結果多是修下了地獄。所以有俗語稱，地獄門前僧道多，而僧道本就都是嚮往修行之人，是嚮往心靈圓滿、心靈解脫的人。

但是，世間明師寥寥無幾，未遇明師就起修，都是盲修瞎練，無一不是走火入魔，而且修得越苦、修得越執著，就越會走火入魔。精神病院是我們工作常有涉及的，其中很多人都是從本來的正常人，不斷執著的修行最終修成了精神病，即是謂走火入魔，神通沒修成，修成了神經。

在此我再次強調，修行一定要走正道，真正起修必有明師，若未遇明師，千萬不要盲修玄學、陰陽學，甚至風水學等等。自己有興趣自學沒有太大問題，給自己看一看算一算也都沒有問題，但千萬不要給別人指點，不要覺得自己好像學了一點《易經》，學了點古人的預測方法，會預測了就為別人預測，或者學了點風水學就為人指點江山，包括所學的中醫都是一樣，不要以為知道古人諸如張仲景、

孫思邈留下的幾副藥方，就隨便給人抓藥治病，千萬不要！要清楚這些都涉及到陰陽學以及玄學，其中道理極深，未遇明師千萬不要輕易去做。

所謂風水堪輿，所謂指點迷津、治病救人，你以為會功德無量，但不是真正通道，又沒掌握真正的方法手段時，沒有明師指點其實千萬不要自學成才，甚至壓根不要去學，更不要去用，因為對自己的傷害非常大，對家人、子孫的傷害都非常大。絕不是僅僅存善心、發初心要治病救人，得到的結果都是好的，也許給人治好病，也許給人指點風水效果很好，但是自己卻遭殃了，要清楚多少術不入道者，自己的晚景很慘，即所謂鰥、寡、孤、獨、殘、貧、夭，缺一門。而且不僅自己缺一門，整個家族包括子孫都會受牽連、受影響，所以千萬不要輕易自學，不要以為自己很聰明，隨便看些書、跟些老師、花點錢就能學到真東西，完全不是那麼回事。

有修行之心、嚮往圓滿沒有問題，心向菩提當然很好，但是已經多次奉勸大家，未遇明師之時就把人做好，從做人處起修。把人做好就是大修行，先積福報，福報到了機

緣自然就會到，明師自然就會出現。如果明師尚未出現，說明你的業障還是很深、很重，明師或者並未現世，或者已現世卻不會教你。所謂業障，即是還有那種固執、執著、放不下的，就要從最基本處起修，即是要積福德，從做人開始修。

六藝系列開篇即講如何做人，要先從禮上開始起修。對待各類人群都有一整套禮，懷誠敬之心、平等之心、愛護之心；對待植物、動物、大自然，對天道地規，也都懷著誠敬之心、敬愛之心、尊重之心、平等之心，如此一點一點的人就平和了，於是大自然也不與之做對，小人也不跟他做對，這就是做人的起修處。有禮進而推及孝，禮是孝之門，首先得對父母、夫妻伴侶講究禮，不僅是對長輩，對下屬和晚輩以及自己的孩子，也得有禮。禮是孝之門，無禮必不孝，孝者必有禮，這就是儒學體系。所以未遇明師時，真正的起修處就是起修儒學的人倫道德。

儒學本身就有修行的八個階段，格物、致知、誠意、正心、修身、齊家、治國、平天下，人皆必須通達這八個階段的含義。進而修行儒學也得有明師指點，何謂格物，

之後如何能致良知、誠意之理法，都得有一整套的理論體系，然後在誠意的基礎上正心，心正則天下正，心安則世界安，心安了一切就都安下來了。現在的一切困惑、痛苦、煩惱，都源自於心不安，人生在世就是苦樂參半，有快樂、有幸福、有驚喜，同時也有痛苦、有困惑。

為何現實中會喜樂參半，好與不好交織？為何不能永遠都是蓮花世界，總是平安、寧靜、快樂？因為你的心就是喜樂參半的，心一直在動、不安。心不能安在蓮花上，世界就不是蓮花世界，心一會兒在蓮花上安詳、寧靜、幸福，一會兒在地獄中煎熬，一會兒又落入深淵中恐懼，而心如何變化，現實中就如何呈現。所以儒學講究從修身起修，修身則是從正心開始，正心的前提是誠意，誠意的前提是致良知，致良知的前提是格物，因此格物是儒學真正的起修處，且必須得在明師的指點下起修。

格物中就有儒學起修的五個階段，立象、設卦、繫辭、變通、鼓舞。致良知也是這五個階段，誠意也是這五個階段，正心也是這五個階段，這就必須得有明師指點何謂立象、設卦，正心之中如何設卦，誠意之中又如何立象，格

物時如何繫辭。這些都不懂就無法起修，而且必得有明師帶領，才能走入真正的修行之門。

我們現在透過一個樂就講到了五行，即是我們立象、設卦的基礎，五行即是五個修行階段，同時立象、設卦、繫辭、變通以及鼓舞都離不開五行。如果五行不通達、不掌握、不會用，立象根本就學不會，所以五行是中華的根基，是中華文明的樞紐。而五行是中華上古直接傳下來的，《黃帝內經》中直接把五行與我們人體相對應的點都點出來了，因此五行不是積累來的。我們的陰陽、三才、四象、五行、六合、七星、八卦、九宮，中華祖先這套整體的理論體系，都不是先人積累而來的，根本就不是人所能積累的，不是人能自行通達的，而是上古文明遺留下來，直接為我們呈現一套完整的宇宙規律，揭示一整套理論體系，包括具體的運用方法。

一切皆不離五行，無論儒學、道法、佛法都不離五行，離開五行就離開了中華文明的整套體系。如果沒有明師指點，你如何理解五行？木火金水土到底是什麼？是構成世界的五種基本元素嗎？不是的。如果認為五行是五種能量，

或者五種屬性，或者五種其他等等，關鍵在於如何啟用。前文講了中醫是透過植物和人體之間的五行生克，藉由植物的五行屬性和人體的五行屬性之間相對應的體系，按照這套生克體系，運用植物即中藥，亦即是運用植物的根莖葉、植物的五行屬性，調整人體的五行屬性，在人體上能夠起作用，這就是中醫的基礎。

植物可以調整人，反之，人能不能調整植物呢？一棵樹病了，人能不能把植物調整好呢？我們現在的中醫是單向的，是中華之下乘醫學，在此絕不是否定中醫，但中華醫學的確有更高的境界，不需要吃藥、針灸，那就是通達了五行生克之道。當何謂立象、何謂設卦、何謂繫辭、何謂變通、何謂鼓舞我們都知道以後，即可知道與植物能否溝通了，而且能夠做到人有病時植物能把人治好，植物有病時人亦能把植物治好，寵物狗有病時人也能把牠治好。現在寵物狗得病就送到獸醫、寵物醫院去，手術、吃藥，與西醫治人一樣，然而狗又不會說話，與人根本溝通不了，到底怎麼治，如何知道病根。所以寵物治療特別有限，也就是受傷包紮、結紮避孕等最基本的，胃腸問題、肝膽問題怎麼治，更不要說情緒問題，狗抑鬱了寵物醫院能治嗎？

現在連人抑鬱了都治不好，都還是所謂的下醫。

西醫其實很偉大，為人類作出的貢獻特別突出，中醫一樣很偉大，為中華世世代代的繁衍生息作出了巨大的貢獻。但是現在的西醫以及中醫，都只能稱為下醫。

有人質疑：「老師，您憑什麼這麼說啊？您得病了難道不去醫院嗎？」

我有病了當然去醫院，而且該找中醫就找中醫，該找西醫就找西醫。

人接著問：「那您為什麼還說現在的中西醫是下醫呢？」

別誤解，一定要理解清楚，下醫並不是治不了病，我所講的是醫的境界，即是在講用什麼方法治病。現在的西醫，多少疾病根本不知道病因，抑鬱症、焦慮症、自閉症知道病因嗎？肝硬化、中風、腦梗塞、癌症等等有幾種知道病因？問題就在於，不知道病因怎麼治病。為什麼抑鬱症治不了，現在僅是在中國就有一兩億抑鬱症患者，根本不知道病因。

醫分三個層次，上醫醫國、中醫醫身、下醫醫病，病即症狀。

現在的西醫和中醫不都是只醫症狀的下醫嗎？哪裏痛了醫哪裏，哪裏有問題就醫哪裏，中西醫都一樣，胃痛醫胃，胃潰瘍嚴重了就把胃切掉大半，下醫的確很殘忍，痛了就被切掉。

所謂中醫醫身，身即是命，真正的中醫，醫的不僅是症狀、不僅是病，醫的是命運。一個人的命運都能醫，即稱之為中醫。比如，家庭不幸福，中醫都能醫好；近些年走背運，總有小人害自己，中醫幾副藥都能醫好。

有人驚異，「老師，這可能嗎？您這不是胡說玩笑吧！這樣不成了神仙、神通了嗎？」

真正通了五行，就有神通，就是神仙。跳出三界外，不在五行中，真正的神通不是練氣、打坐、入定、念佛、念咒得來的，真正的神通是通了五行就具備的，而這時的醫才是我們真正的中醫。

真正厲害的是上醫醫國，即國家有病、有問題了，國家不能長治久安、繁榮興盛了，大醫出現即為醫國。這就是醫的三個境界，其實古人並沒有醫這個行業，並不是影

視劇裏演的一家幾代御醫。古代的醫都是修行人，直接幫助百姓眾生，救苦救難，有任何問題就去找到修行人，修行人有各種方法調理、解決，因此中華古人都尊師重道。

真正的師者，必是既通達大道之理，又能傳授術即具體方法的人，正所謂「師者，所以傳道授業解惑也」。不通達大道之理不能稱之為師，不能傳道不可稱之為師，此即真正意義之尊師重道。此師所指並非現在的數學老師、英語老師，這些在古代不能稱師。此處所講的尊師，所尊重的是既通達大道之理，又掌握象數之至理的人，尊的是這種師，重的是這個道。

中華自古尊師重道是因為，如果一個方圓百里的地方，山上有一位修行得道之人，或是道士、或是和尚、或是修行有成的大儒，那這裏的百姓有問題的時候，都會得到得道師者的幫助，有病則治病，關係不好就調整關係，命運不濟能調整命運。因此古時非常的尊師重道，同時古人亦謂之十道九醫，即十位修行人中至少九位都是神醫，因為修行到一定程度，不可能不通達醫術，不會治病救人。如果有人說自己修行了二十年，還對人說有病不會治，得去

醫院治療，那就根本不是修行人；或者有人婚姻不幸，鬧離婚特別痛苦，卻讓人去找調解委員會，要不就是教人天天念佛消業障，婚姻就和好了，那更是胡扯。天天念佛就能把病治好，那就是迷信。

有人問：「老師，難道不應該念佛嗎？」

不是應該不應該。如果不知道念佛之理，不知道到底如何念佛才能治病，不知道如何念佛能夠消業，不知道如何念佛能夠改變命運，這些理全都不知道，即所謂大道之理都不通，談何念佛？無論男女老少，什麼都不知道，認為天天只念阿彌陀佛，就能突然有一天智慧大開，五行八卦的定律定理全都掌握，天地人之間的關係、三才四象也全都掌握，瞬間就通天徹地了，怎麼可能？如果真的那麼簡單，那自古以來豈不遍地是佛？絕對不可能。

這是一整套成體系的大智慧，是需要不斷學習的。要跟隨師父學習、積累三年、五年、十年，甚至一輩子不斷的深入學習，師父領進門後要修行一輩子，門內有多少至理、多少真諦、多少真相，要打破多少觀念，要破除多少

業障，必須不斷的打破、破除，此即所謂格物、致知、誠意、正心。正心是最重要的，在儒學八條目中居中，起到承上啟下的作用，前面三項都是為了正心，正心之後自然能修身、齊家、治國、平天下。

這就是儒學所講的正心，而道法所講的陰陽平衡，佛法所講的不思善不思惡，也是在講心，也是一種平衡，當陰陽真正平衡了，心就正了。真正知道儒學之誠意的意思，就會發現與佛法、道法完全是一回事，最後都是在講正心。心正則儒學就能修至大儒、聖人，道法就能修成神仙，佛法就能修行成佛，其實都是一個理。

我們正在學習的儒學六藝，其實就是告訴我們如何能夠把這顆心安住、定下來，禮主誠敬，樂即溝通之道，都是在安心。千經萬律都在講一件事，不管是學習風水起修，學習儒學經典起修，修習佛法起修，修煉道法起修，還是從《易經》起修，無論從哪裏開始起修，都是在講如何正心，心正則心安，心安則事安、人安、命安、運安，風水就安，一切都安下來了，這就是我們修行的目的。

# 第二節

## 師者傳道掌控五行調整萬物
## 得道貧而不窮知見改變命運

　　樂如何達到正心的作用和目的、目標呢？具體應該怎麼做？要從聲音開始起修調整，開始練習。心若不正，自身陰陽必不平衡，五行生克必不協調，木火金水土即有的偏旺、有的偏弱，有的生不起、有的克不住，整個機體不會有序運行。機體在不序化的運行狀態下，必從方方面面有所呈現，身體就會不適，呈現亞健康，器官、體系就會出各種問題，或者皮膚病、或者肺炎、或者肝硬化、或者心臟病，周身都可能有問題，這是自身的身體。身體的五行不協調、陰陽不平衡，這些身體症狀都是警示。其實從發聲、說話的聲音也必有所呈現，發出的聲音不好聽、乾癟、急躁、沙啞、無力、虛弱、中氣不足等，都有可能，也一定會有所呈現。從眼神中也必有所呈現。上面講的是身體，同時在事業上也會有所呈現。自身陰陽不平衡、五行不協調時，在外辦任何事都不順。

如果自身的木氣被壓抑，現實中做事就沒有人幫助，即沒有貴人，因為木主生發，木氣投射到身體上是肝膽系統、免疫系統，比如淋巴系統就屬於肝膽系統，一旦免疫系統缺失、虛弱、有漏，即免疫力低下，其實都是肝膽有問題。新冠病毒疫情中，大家都依靠免疫力，而肝膽系統有問題的人，免疫力就低下、免疫系統弱，病毒就容易入侵，這些都有成體系的道理可言。再者，如果肝膽系統有問題，即五行中木缺失、壓抑，身體上除了呈現在免疫力，還呈現在解毒、排毒體系能力，都屬於肝膽系統，於是在外即呈現出多遇小人整治、攻擊自己，而且各種流言蜚語、誤解造謠，防不勝防。為什麼沒有貴人幫助？因為木主貴人，木應青龍，青龍即代表貴人，如此現實中就會碰到各種磕磕絆絆，事皆不成，無人幫助。總遇到別人心情不好，正常能辦的事也不辦，就是較勁，這種情況現實常見，所以人去辦事之前都習慣祈禱一下，別碰到心情不好的，但結果總是遇到心情不好的人，幾次後就能發現，不是別人有問題，而是自己有問題。為何總那麼巧？為何永遠遇不到別人中彩票的時候，高興的什麼事都願意辦呢？

其實奧妙就在於此，五行是一套完整的體系，天地人全在其中。我們現在講授聲音，為什麼五行如此重要？每一個人發出聲音就是其身體五行的呈現，那麼整個國家和民族說什麼語言、方言，就是整個民族集體潛意識的五行體現。所以我們講現在的普通話缺一音，即五音不全，僅剩四音，作為標準語言代表現在中華大地的炎黃子孫，五行不全。為什麼沒有選擇廣東話、客家話作為我們的標準語言？所有巧合意外當中都有必然。這就代表我們整個民族五音不全、五行有漏，有漏的狀態下何談圓滿。

圓滿是陰陽平衡的狀態，陰陽平衡的前提和基礎是五行俱全、生克有度、協調一致。不懂這些甚至難以治理國家，古時皇帝身邊的大臣、帝師，都得懂這些，稱為上知天文、下曉地理、中通人事。何謂上知天文？可不是僅會看星星，知道天文知識，天文即天之道，地理即地之規，中間又能通人事。在朝為官、在皇帝身邊輔佐的大臣，怎能不通這些？古之宰相無一不通陰陽之道，無一不通天文地理，無不是上知天文、下曉地理。陰陽、五行、八卦人人皆通，奇門遁甲人人必會，所以前文我們講授中華古之

體制並非皇帝家天下，那是元以後才開始的家天下，而元之前就是現在語言所稱的君主內閣制，當時可稱為皇帝宰相制，其實就是由宰相組織內閣，皇帝是精神象徵，負責祈禱、祭祀、敬天法祖。那時的天下九州都在宰相的掌控中，哪一州出事宰相提前都知道，那時既沒有手機、電話，也沒有衛星，人在北京如何知道雲南將要叛亂？如果宰相什麼都不知道，怎麼幫皇帝治理天下？

漢唐時期，宰相的地位雖不是與皇帝平起平坐，其實也差不多了，宰相及內閣成員都是上知天文、下曉地理之人，文臣武將掌握的都是真功夫，而現在的人還掌握什麼？現在沒有手機電話，沒有電報電腦，根本就不知道千里之外發生的事，外省已經叛亂，馬上打到京師，才能知道原來叛軍打過來了，何談治理天下？因此，無論學習禮、樂，學習儒學、道家、法家、佛家學問，其實學的都是這一套體系，即上知天文、下曉地理、中通人事，這套體系即謂之經邦濟世之道。

根本不知道「形而上者謂之道，形而下者謂之器」，甚至形而上是什麼都不知道，如何掌控事物發展的規律？

怎麼掌控一個計畫、整個公司的命運？不知道高維度的存在，不知道還有精神領域，眼睛就只盯著現實世界、物質世界，天天物欲橫流。而失去了天，僅盯著地，怎能做好人？地上的事如何做好？這就是正道平衡之理。

樂，所謂聲音中有五音，宮商角徵羽，其實對應五行中的木火金水土，什麼樣的聲音動人？什麼樂曲能夠真正流傳，千古動人？必是暗合五行生克之理、暗合五行協調韻律的樂曲才會動人、才能流傳千古。而有缺失的音樂，即五音不全的，不可能流行，更不可能千古動人，因為其有缺、有漏。

有人說：「老師，現在創作了這麼多的樂曲，大家都不通五行，不懂五音六律，有些樂曲依然那麼好聽，創作出來、演奏出來很動聽，也真的很好聽。」

不通五行的前提下，不知五音配六律等規律的情況下，作出的樂曲要嘛過於悲哀，要嘛過於亢奮，要嘛過於平淡，這些樂曲都偏執於某一項，因而不會真正長久流行，大家聽了不會舒服。而不通五行就演奏出好聽的音樂，都僅是

巧合，所以現在一位所謂的樂曲家，一生可能只作了一兩首優美動聽、流傳下來的樂曲，但其實他一生總共創作了上萬首樂曲。為何只有幾首流傳，其他一萬首人皆不願聽？

真正的樂師，樂中師者，一生不會創作太多的樂曲，但只要作一曲必是精品，必會流傳。這種樂之師者必是修行人、修道之人，或是儒學大家、或是道學大家、或是佛學大家，但是所修之道別人並不一定知道。如果不通道，只是在創作樂曲，不可能寫出很優美的、流傳千古的樂曲，即使偶有創作也僅是碰上巧合，即創作的樂曲暗合五行生克之道。

所以我們從樂中要學習很多，樂中有立象、有設卦、有繫辭，就有變通、有鼓舞，有這些就是高級、高層次的樂，掌握這些就是樂中師者；醫中亦有立象、有設卦、又有繫辭、有變通、有鼓舞，這些學透了，就會成為神醫。這些都不通達，不可能成為大師，最多是個專家，或者只是演奏別人的樂曲，即使演奏的惟妙惟肖、模仿度極高，也僅稱為專家，一首笑傲江湖彈奏起來惟妙惟肖，但還是別人的樂曲。醫者不入道，就只能用張仲景、孫思邈的千

年經典藥方、過往行之有效的藥方，現在還在不斷的開藥，這僅可稱為專家，而不能稱之為師，亦即是不入道。真正的師者必有自己的領悟和表達，醫以傳道，樂以傳道，禮以傳道，其實都是在傳道。

須得上升到傳道的高度，醫者要真正做到先醫病，後醫命，再醫國，學習就要學習高境界，不能一生做一件事，僅是喜歡醫治病救人，到了八十、九十，甚至百歲快閉眼辭世之時還是下醫，根本不知道有中醫和上醫的存在，豈不悲哀？一生研究樂器，都在演奏別人的美妙樂曲，豈不悲哀？一首自己的經典樂曲都作不出，一生都在模仿別人，怎能超越別人？我們在此所講的，就是先模仿後超越，就在講如何去超越。而且是各行各業，不僅是醫或樂，兵法、管理學、帝王學也都是一樣，方方面面各個領域的學問都是一樣。

透過樂講授如何先模仿後超越，如何從一個專家超越成為大師，即所謂成功者，而且能夠立言，能夠流傳、傳承，這才能真正稱為大師。樂之大師如何成就？即所創作的樂曲，必是暗合五行生克之道，五音必全，這是最基本

的。所有能夠留傳的、推廣的，必是接近圓滿的，就能夠天長地久；有缺有漏的，很快會敗空。

「成住敗空」是事物發展必然經歷的四個階段。然而，什麼情況下成住階段的時間會漫長，能夠久遠以後才進入敗和空，那就在於所作的發明創造整體性如何，五行俱全、生克有度、相對協調的事物，才能長久。如果一個事物、一個計畫、一段感情，在開始形成時就五行不全，生克無度，非常混亂，那麼無論事物、感情、計畫，都會很快進入敗和空的狀態。此處希望大家能夠理解，五行存在於萬事萬物之中，掌握了五行的規律，會運用五行的規律，又能調整五行的生克之道，就能左右一件事物、一個計畫、一段感情、一生命運，其發展的過程及結果。

有人忍不住問：「老師，您講了這麼多，我好像還不知道五行到底是什麼呢？」

因為我還沒有具體講。首先要講通理，但五行是什麼、怎麼用，我還沒有細緻展開講。因為書籍或網絡傳播屬於公眾平臺，不可能在此全都講出來，一是福報和承受力的

問題，二者凡事都講究平衡，真功夫不可如此示人，第三方面因為書籍是自由開放閱讀的，而這套規律真諦被善良正直之人學到，馬上就能治病救人，甚至能立刻改變其命運，但也難免存在心術不正之人，即使我發善念慈悲，傾我所有無償提供給大家，不經任何考驗，任何人都可以學，然而一旦所傳非人，受業報、受反噬的就是我。

有人又有疑問，「老師，這些我都不知道，那聽您講還有什麼意義啊？」

當然有意義。只要知道正理之所在，就知道了方向，就不會盲修瞎練，大概能夠理解明師之所傳，清楚將會帶領走向哪條道路。但是不要想僅通過書籍就能通達五行生克之理，通達大道至理，河圖、洛書、立象、設卦、繫辭全都明白，直接就可以在現實中改變別人的命運、治病救人了，那肯定不可能。歷史上求道之人，哪個不是捨生忘死，歷經重重考驗，才能得到真經正道，師父才能將其領進門，哪有輕而易舉的修道得道者？凡事都有一個標準、一個門檻，學道之人，即是真正有福報。如果飯都吃不飽就說要學道，豈不兒戲。

有人不理解，「老師，您這麼說，那我貧窮就不能、就不應該求道嗎？」

　　不是那個概念，如果很貧窮，飯都吃不飽，說明世間法修得太差，福報太不足，根本承載不了這些正道理法。福報從何而來？福報就是從德中積累而來，但絕不能簡單反推，貧窮、貧賤的人就是無德。但是要告訴大家的是，如果天天做好事、天天在積德，然後依然還是那麼貧賤，就證明業障還很深重，或者觀念還太執著。所謂觀念即知見，而錯知錯見即錯誤的觀念亦稱為所知障，也是一種業障，而且是業障中最大的一種。很多所謂的修行人，或者嚮往修行的人特別清貧，卻以此為榮、以此為樂、以此心安。

　　有人總是清高的認為，「我窮我有理，我窮我幸福。我一身傲骨，兩袖清風，視金錢如糞土！」事實上，越是這麼想就離道越遠，這一點一定要理解清楚。

　　有人反問道：「老師，您的意思，難道我要去貪圖富貴嗎？」

那就又理解錯了。真正的得道之人想要富就有富，想要貴就有貴，並非貪圖，而是本就有福德做基礎，而且有正確的人生觀。所謂真正得道之人貧而不窮，意即是看似沒錢，可能坐在街邊討飯，可能是個流浪漢，但是其實並不窮。貧和窮是有區別的，貧不代表沒有錢，貧字的寫法是上面一個分，下面一個貝，意思是有錢但是分享出去了，而且分享出去以後依然有錢，不要以為一定是沒錢，是有錢但不會生活奢靡，不會做金錢的奴隸，而金錢對我而言是為我所用的。然而，窮字的寫法，上面是家，繁體字下面是躬，事必躬親，都得自己做；簡體字下面是力，天天出苦力，為了生存，為了家庭生活，天天拼命幹活用盡體力，然而天天如此親力親為的努力，想賺錢卻賺不到。所以貧和窮是不一樣的。

　　儒學之中孔子看待富貴，《易經·繫辭傳》裏孔子講道：「富有之謂大業，日新之謂盛德。」直接告訴我們，不是沒錢有理，生存都難以維持，溫飽都不能解決，天天說要修道，根本無從談起。明師定會指點，先好好積一點福、消一點業。所謂修道，最基本的門檻就是得有福德，對致

德之人、有大福報之人，才能談及修行昇華。真正自古以來的大智慧，都要傳給社會的精英，即是在物質方面已經達到頂層的人，需要再昇華、再超越，世間法已經修得差不多了，然後尋求明師帶入通向上天之路，去修出世間法，是更大的圓滿之法。亦即是，在世間的命運，基本上已經能夠掌控在自己手裏，要富則富，要貴則貴，既有平安又有幸福，此即謂世間法修得差不多了，則開始修生死、修解脫、修圓滿。

千萬不要以窮為樂，千萬不要以窮自豪！一旦以窮自豪為樂之時，就真的不知上進了，就把自己變成阿Q先生了。我窮我有理，窮得幸福、品德高尚，然而品德是否高尚有何標準？其實標準自在人心。有錢、當官之人品德肯定都不高尚嗎？只有一窮二白之人品德才高尚？根本不是這個道理。有錢人都是壞人，有錢就是罪，那是仇富心理，首先要去除這種仇富心理。如果心中把富人都當成惡人，你自己怎麼可能發財？你想去當惡人嗎？不要總受那些觀念的教育和影響。

我們在講的就是，一個觀念就會影響一生，影響一生

的命運，如果總是抱定「我窮我有理」這個觀念，即使掌握再多高超的技能，即使天天積福積德，也不可能富，也不可能貴。此即謂知見能夠改變命運，亦稱為所知障，是人生的障礙。高風亮節難道不對嗎？當然也是對的，但是要分清時候，國破家亡之時，整個國家民族面臨危難之時，當然要挺身而出，不計名利，但那是在特殊時期。不要把特殊時期的那套東西用在和平時期，而要做到上戰場是英雄，可以殺敵無數、保家衛國，一旦下了戰場，和平時期就真正安居樂業，該富則富，當貴則貴，衣食無憂，為官造福，都沒有錯。

現在很多的中國人，都覺得有錢人就是資本家，都在剝削人，剝削員工的剩餘價值。然而，真正何謂剩餘價值？又何謂剝削？為何不說老闆為員工創造了一個平臺，沒有這個平臺，何處出力，何以努力？觀念如果不變，命運如何改變？如果堅持認為自己的觀念是對的，所謂視金錢如糞土，錢就是萬惡之源，那麼一輩子也不可能有財，即使再努力也發不了財，因為你認為財即是惡，你不愛財富，財也不愛你，你不理財，財不理你，就是這個道理。

觀念和知見在儒學中即是致知。格物是指窮其理，致

良知即是指正確的思想觀念，是決定我們命運非常重要的因素。書前讀者現在如果還是貧窮的，想一想自己的命運，為什麼那麼多艱辛，天天拼命努力也賺不到錢發不了財，甚至掌握著一門驚人的技能，卻還是窮困潦倒。好好想一想，剛才所講的觀點，你到底有沒有？其實有很多觀念導致人們賺不到錢，有的人出於對金錢的恨，對有錢人的憎恨；有的人則是出於對金錢的恐懼，比如害怕有錢後會被謀財害命，害怕發財後會被人盯上算計謀害，害怕有錢後被人指戳為富不仁，這些都是出於恐懼，這些知見即稱為錯知錯見。

孔子在這方面明確告訴我們的是，富有之謂大業，首先是富，而後是有。富即是財富、富貴，有即是智慧，如此才可謂之大業，人這一生要安家立業，所立之業即稱為大業。進而告訴我們何謂德，最大的德就是，日新之謂盛德，日日更新、革新、維新，意即是每天都在轉變自己的觀念，每天都改變觀念稱之為日新，從錯誤的觀念、狹隘的觀念變成大格局的觀念、正確的觀念，人立刻就煥然為之一新，命運馬上就開始轉變。現實中太多的人，一輩子自七歲以後觀念就沒變過，七歲前形成的基本觀念，一直到七十歲都沒變過，即所謂頑固不化，這樣的人命運肯定

不會改變。

　　真正的調心轉運，不要以為多麼神奇，道法、佛法、儒學中調心轉運之理無非就是調整了觀念和知見，心就被調整，心更新了命運就改變了。我在近三十年一對一的個案諮詢中，見到了太多情感不幸福、鬧離婚的人來諮詢，而所有此類家庭不幸的諮詢案例，其思想深處必有一個很重的觀念，就是自己的一生不可能幸福，女諮詢者認為不可能有男人對她真正的好、真心的愛她；男諮詢者認為不可能有女人全心全意的跟自己一輩子，絕不可能不斷的為他付出、為他奉獻。然而這些都是諮詢者意識上所不知道的，但個案諮詢是挖掘其潛意識深處，挖掘出來呈現的一定都是這樣。

　　包括拼命努力賺錢卻賺不到的，挖掘其深層觀念，必有錯誤的觀念，但是我們認為是錯誤的，他本人並不認為是錯誤，反而就覺得沒錢有理、沒錢幸福、沒錢自豪，沒錢就是清風傲骨，就是以窮為榮，骨子裏內心深處必是這種觀念。關鍵問題在於如何將其挖掘出來，如何使其改變。很多人深層的觀念被挖掘出來了，但也堅決不變，固執僵化。因此，一個人的命運到底是誰掌握著？難道是觀音菩薩在掌握嗎？

不是的，人的命運就是自己掌握著，自己認為的是什麼，自己認同什麼，自己的命運就是什麼。這裏要理解清楚，不是腦中意識認為發財好，意識上天天希望自己有一座金山，希望天上掉下一張彩券，中獎五千萬那才是最好的，其實這並不是自己認同的，只是腦中所想。我們所說的觀念是指你的心中認同什麼，你的世界就是什麼。

馬上有人提問：「老師，我心中到底認同什麼我不知道，那怎麼能知道呢？」

其實，你現在的世界是什麼樣子，就是你心中真正認同的。現在你的狀態、你的呈現如何，你的內心之中就是如何認同的，亦即是你的心中認同什麼，你的世界就為你呈現什麼。確切的講即是，所有的呈現都是自己認同的結果。

真正的儒學細講起來太深奧了，我們現在講的是儒學六藝，後面會繼續講解《大學》、《中庸》，《大學》即是儒學之三綱領八條目，《中庸》是儒學的最高境界。僅是《大學》的三綱領八條目，就有很深的學問、太多的至理，這就是修行。所謂修行，跟隨師父上山三年、五年、十年，不要以為天天都是打坐、念佛、念咒，根本不是那樣修行。其中有非常多的理，無比宏大的體系需要去學習，

經過不斷的學習，突然某一天所有學過的碎片轟然形成一個整體的時候，就幡然徹悟了，就通達了，就跳出三界外，不在五行中了，就具備大神通，成為大神醫、大軍事家、大教育家了。

所以無論我們講到哪裏，其實萬變不離其宗，都是那一個理，真諦就那一點，都在圍繞著那一點核心，不斷從各個角度進行闡述。但是必須反覆讀、反覆聽，不可能一次就理解了，而是每讀一遍都會有不同的收穫。現實中的困惑、痛苦、迷茫，書中某一句話點到心裏，就會有所受益，觀念與知見一旦有所改變，命運就開始改變了。到底是什麼在改變命運？並不是知識改變的命運，知識積累得再多，也不會改變命運，而是智慧改變命運，或者稱為知見改變命運。智慧與知識並不是一個概念，然而智慧概念太宏大，我們首先可以簡單作表達，知識不會改變命運，知見才會改變命運

# 第三節

## 聲音奧祕上古詩經蘊含五行
## 三歲讀詩改變自身運化一切

我們現在講聲音，所謂聲必合五音，發出的聲音合於五音的特點即是有韻律，不急不躁、不遲不滯、抑揚頓挫、有節奏感、有韻律感。所謂說話有魅力的人，都符合這些特點，不僅聲音的音質好，語音圓潤、動聽，同時語調也很有韻律感、節奏感很強，同時練習、掌握好語音語調，發出聲音、說話講課才能更好的入心。

有人問：「老師，聲音的語音語調，您說是宮商角徵羽，但是我說話發音發聲，宮商角徵羽怎麼判斷，不知道哪個音是宮，哪個聲是商，哪是角徵羽啊？我是不是能把話語中對應宮商角徵羽的語言，總結出來天天練習啊？」

的確，現在的語言中並不知道如何對應宮商角徵羽，也就無法練習。而我們現在就告訴大家，聲音可以如何練習。說話如何練習五行之道？說話的語言之中，不可能像樂器一樣，古琴有五弦，簫笛有五孔，五弦和五孔即代表五音，但是說話如何五音俱全？如果一說話就想宮商角徵

羽是否俱全，那就不會說話了。因此，在此我再講一遍，練習聲音五行俱全、生克有度的奧祕，就藏在《詩經》之中。

孔子為何走遍十五國采風？采風即是在民間把上古遺留下來的詩歌搜集、整理起來，孔子所授的是經邦濟世之學，應該將帝王管理之學、成功之道傳授下來，為何會花費這麼多的時間和功夫走遍十五國搜集、研究詩，他也要寫詩嗎？事實上，孔子一生沒有寫過一首詩，但他採集上萬首詩，整理出三百零五首，稱為《詩三百》，是根據什麼整理的，又為什麼要整理？整理的意義和作用到底是什麼？而現階段，所有經典之中最不受重視的就是《詩經》，因為大家都認為詩歌是沒事娛樂之時吟誦的，顯得有學問而已。而《詩經》是儒學六經之首，雖然《易經》被譽為萬經之首，但是在儒學中《詩經》才是六經之首，即詩、書、禮、樂、易、春秋，《詩經》中到底隱藏著什麼奧祕？其實，《詩經》中隱藏的就是聲音修煉的奧祕。

人從出生到牙牙學語，進而開始起修學習，從哪些方面、什麼角度開始學？即是從聲音開始起修起學。我們出生幾個月，哺乳期過後開始學會爬，然後開始直立行走，

同時開始學語、模仿，亦即是開始練習發聲。其實，我們能夠站穩、直立行走、可以跑了，一直就在練習聲音怎麼發出，不必刻意去教發聲，孩子就在模仿父母說話，而所謂父母教孩子說話，並不是教會說話，只是教他們能說話。但是僅僅能說話並不行，要想孩子會說話，就得從兩歲半到三歲之間開始教育，此時聲帶開始成型，教孩子會說話至關重要。

能說話僅是能夠發聲，會說話方可稱言，《詩經》的修習並不是把詩背下來。首先再次強調，《詩經》本身不是人作的，其中的詩都是上古留傳下來的，所以《詩經》中的字基本上一半都不常見，甚至不認識。而現代人能否作出《詩經》中那樣的詩？

有人說：「老師，不是《詩經》的詩最好，唐詩才是最有名的，應該是唐朝人最會做詩。」

這就錯了。到唐朝時，唐詩已經失去了詩的本意，僅是押韻，是情感的抒發，但詩的本意，即孔聖人為何如此注重詩，因為詩是上古傳下來的規律奧祕、修行之法。《詩經》中詩的語言，單字的不同排列組合，皆有其深意，念《詩經》、讀《詩經》中的詩時，五音都在其中，每一首

詩的韻律、韻味、韻調都有不同，但是暗合五行。我們學語言、學發聲，學習如何使我們的聲音更加圓潤、更有魅力、更有韻味、更有節奏，在此告訴大家，都是從《詩經》中的詩而來。

有人很納悶，「老師，我怎麼就看不出《詩經》裏有五行呢？」

《詩經》根本不是人作的，不要用現代人的思維去想上古之神的思維，想也想不明白。即使知道了理而去對照，也根本無法對照。但是，現在我在此教給大家方法練習發聲，理不需也不必說太多，點一點即可，掌握古人如何練習發聲的方法，聲發對了，直接影響到我們的身體健康，甚至直接影響到我們的觀念與知見，影響到我們的情緒平和與否。

練習五音的發聲，最簡單、最直接的方法就是讀《詩經》。前文說到普通話缺一音，而在夏商周之前，我們說話是九音，秦漢時是五音，其實在孔子時期基本上已經是五音了。曾經的九音，後來的五音，而現在的普通話是四音，用四音讀《詩經》的五音也可以，缺一音也沒辦法，如果會廣東話、會粵語最好，或者會上海話，其根基是南

京官話，讀《詩經》也勉強是五音。即使普通話缺少一音，因為《詩經》本身五音俱全，讀起來也沒有問題。

唐朝時的詩為什麼也不是五音俱全的？因為《詩經》裏的詩是上古神人直接作出留傳下來的，而唐朝時期的詩則是人編出來的，神作與人作差異太大，所以說唐詩不是真正的詩，真正能夠稱之為詩的就是《詩經》三百零五首。《詩經》之後再無詩了，人所作的不能稱之為詩，只是合轍押韻的順口溜而已，更不必再談現在的白話詩了，除了感情宣洩，基本沒有內涵。唐詩已經不具備詩的基本要素，詩是語言的精髓，是聲音的精華，其實非常之不簡單。

如何修語音語調，練習聲音呢？最簡單的方法就是讀《詩經》，其中有深刻之理，而首先要問的是大家會讀書嗎？中華古人都稱讀書，現在還有幾人會讀書？現在的人都叫做看書，古人為何稱為讀書、讀經，何謂讀？現在還有年長者稱讀書代表去上學，而真正讀書的概念我們還是否理解？是不是念出聲音才能稱為讀。而現在看書時還出聲嗎？

古人讀書時，「風聲雨聲讀書聲，聲聲入耳；家事國事天下事，事事關心。」風聲能入耳，雨聲能入耳，讀書

聲能入耳，現在看書如何入耳？以前的古人讀《鬼谷子》，「粵若稽古，聖人之在天地之間也，為眾生之先」，讀出來是什麼感覺。而現代人是看書，也就是心中默念，還能有讀書的感覺嗎？古人為什麼要讀書，甚至還要有肢體動作？看似是搖頭晃腦，其實是肢體動作，讀到激憤處，猛然站起抒發情緒，讀到悲愴處熱淚盈眶，這才是讀書。讀書的意義在哪裏？為什麼要讀出聲音？其中之理就是在於修聲音。

前面鋪墊了很多，就是為了使大家能夠深刻理解，應該何時開始起修聲音，如何修聲音。方法其實非常簡單，《詩經》中已經蘊含聲音的五行，聲音的五行體現在五音上，五音則體現在韻律上，韻律體現在節奏上，只有讀出聲音才有節奏，才會有韻律。讀詩的時候，去感受韻律、感受節奏，《詩經》之詩本身五音俱全，每天這樣誦讀，聲音的聲波頻率就開始不斷的變化，逐漸聲音的五行就俱全了，表現在節奏、韻律上，聲音越來越圓潤、有韻味。聲音發出去時，五行俱全、生克有度，語音語調暗含五行之道、生克之道，聲音是一種頻率、一種波，又能反作用於自身的五臟，同時又能運化聲波頻率涉及到的所有範圍。

讀《詩經》時讀出來的聲音節奏、韻律，是暗合五行之道的，奧祕就在這裏，能夠讓自身的身體內化，使得五臟也合於五行，缺則補之，漏則修之，讓自身的五套系統處於不斷修復完整的過程當中。然而，也不要以為讀詩那麼簡單，方法很簡單，其中道理很深奧，應用也很深廣。

由於發出的聲音頻率，這種節奏、韻律是暗合五行生克之道的，家中如果五行有漏、風水不調，都能透過讀詩的聲音調整改變。你的聲音、聲波所到之處，不僅改變了自己，還會改變你的家。是否真的如此神奇試試便知，方法很簡單，道理很深奧，此即之所以古人都在學堂裏所謂搖頭晃腦的讀經，而不是看書。

何時開始讀？三歲即開始讀《詩經》。三歲時還不認字，然而不必認字，更不要硬背，而是三歲開始教孩子、帶著孩子讀詩。有人問：「老師，帶孩子讀唐詩行不行？讀宋詞行不行？讀白話詩行不行？」

在此明確說明，讀唐詩不行，讀宋詞更不行，讀白話詩甚至就是在害孩子。因為白話詩本就五行缺失，孩子本身五行尚全，讀白話詩會把孩子的五行都破了。

有人將信將疑，「老師，讀《詩經》真的五行就俱全

了？」信不信全由自己。有時候密傳之法特別簡單、特別直接，即所謂大道至簡，越是繁複離道越遠，越是大道越是簡單，這是一定的。

有人還是不放心，「老師，孩子三歲開始讀《詩經》，他理解不了意思啊？」不需要他理解意思，只是透過練習發聲把孩子的語音語調練好，把他的韻律、節奏練好，自然而然孩子的聲音就圓潤了，說話的節奏就不再是無序的，而沒有經過訓練的孩子，說話基本上都是無序的，沒有抑揚頓挫、沒有節奏、沒有韻律。

之前有同學聽我講課，誇讚我淵博，其實不是我淵博，而是願意聽我說話的韻律、節奏、語音、語調。都以為是因為老師善於演講，所講的話入心，大家才願意聽，其實根本不是內容吸引人，只是你自己以為是老師講的內容有道理，你非常受益，其實你根本不知道老師上課要講什麼，那到底是什麼吸引你？

中國著名的評書表演家單田芳、袁闊成的評書多吸引人，我們小時候家裏沒有電視，天黑後天天都在聽單田芳、袁闊成講的評書，聽得津津有味，天天等著、盼著到時間聽兩集。現在很多人花錢聽評書、聽相聲，講出來的內容

不都是胡扯嗎？明知道不是真的，為什麼還願意花錢聽呢？北大、清華、劍橋、哈佛的大學教授講課是不是很淵博？你願意花錢去聽嗎？

有人說：「那些講得知識性太強了，我聽不懂。」其實並不是聽得懂聽不懂，而是在於語音語調，內容永遠都是最次要的。

為什麼很多人願意聽我講課，課後還要拜我為師？有人僅僅聽了幾天課抑鬱就好了，而我根本沒有單獨給他調理過抑鬱，怎麼好的都不知道。上山之前有各種煩心事、各種痛苦，幾天課上下來，痛苦都沒了，煩心事也沒了，也不抑鬱了，為什麼？是因為這幾天講的內容嗎？有人說老師淵博，中華文明體系博大精深，老師嬉笑怒罵講得大家有時哄堂大笑，有時痛哭流涕，有時激情萬分，病怎麼好的卻不知道。但回來後問他老師講什麼了，都想不起來，只記得老師講課非常有意思，下次還要再聽。為什麼？就是聲音的奧祕。我發出的聲音，本身就有療癒作用，就有修復的作用，就有圓滿的作用，不需要有意的針對你的病症去治療。

大家好好理解這一部分，為什麼咒語能夠治病、能夠

療癒，那麼神奇。何為咒語？咒語不也是頻率、聲波，天天念咒的人聲音洪亮、有節奏，甚至聲聲發出的都是咒音。我本身就是修《大悲咒》的，隨便說一句話都是《大悲咒》的咒音，修《大悲咒》幾十年，念咒不能只是默念，必須念出聲音，而且要有洪亮的咒音。修咒語要有氣勢，最講究音調、節律、韻律，那是能量。我念《大悲咒》可不是唱歌，是有節奏、有韻律的，是能量，是一種氣勢，其實就是在調整五行。

　　會背《大悲咒》和會修《大悲咒》可是兩回事，完全不一樣。咒語用什麼療癒，用什麼圓滿，《大悲咒》不僅是療癒世間八萬四千種病，同時又有斬妖除魔、驅邪鎮宅的作用，《大悲咒》為何能有此功德妙用？天天默念能有何用？咒聲就是頻率，得修出氣勢，這就是在修韻律、節奏，咒語都合於五行。但是咒語跟《詩經》又不一樣。《詩經》是修五行俱全、生克有度，而《大悲咒》則是越念陰陽越平衡，不平衡的也能調整五行使得陰陽平衡；而有些咒語殺伐之氣很重，那就是五行中金的屬性特別強，咒語念出去像刀、像斧一樣，斬妖除魔，驅邪破障；有的咒語就有淨化心靈的作用，越念越清靜，那就是五行中水的屬性特別強。然而一定要記住，沒有明師指點，咒語不能亂

念。亂念有時反而會把自己的五行念偏。《大悲咒》雖然沒有問題，是圓滿的，但自己念也會不到位，也得有師父帶。

現在講如何練習聲音，即樂之理就在於此。孔子說：「詩三百，一言以蔽之，曰思無邪。」無詩則無以言，不通達《詩經》，就不會說話，意即是不會與人溝通，無法與人進行有效溝通。思無邪，即使人思想純正，沒有雜念，思想不偏激。邪即偏激，正是平和，越讀詩則越平和，此亦謂之陰陽平衡之道，越讀詩則越會五行生克有度、協調平和，同時陰陽平衡，是否與前面所講之理一致？

孔子還曾說：「不學詩，無以言」，即不學習《詩經》，就不會朗誦，不會說話。而且，不通《詩經》難以思無邪，思想就會不純正，不純正並不是有壞思想的意思，邪是偏激，意思是不能讓自己清靜、平和。讀詩即是調五行，所以孩子三歲就可以帶他讀詩，媽媽讀孩子跟著讀，只是跟著讀，千萬不要讓他背，也不要硬讓他認識《詩經》上的字，七歲以後才開始認字，三歲只是開始讀詩。堅持讀兩年之後，孩子說話的節奏、韻律就不一樣了，孩子感覺就不粗，一看就覺得溫文爾雅，這種狀態就逐漸出來了。

有人說：「老師，我現在已經四十歲了，還能不能讀《詩經》啊？」

當然可以，大人也可以讀，讀詩本就是五行俱全的。讀詩和念咒，其實是一個理，但是未遇明師，咒儘量不要涉及，因為咒與詩又有所不同。一定記住是讀經，讀白話文、散文都不可以，其意義和內涵都不一樣，所以《詩經》、《尚書》、《禮記》、《易經》可以讀。因為無論經和咒，這些都不是人作的，都是上古之神傳下來的，而上古傳下來的經典都有一個共同的特性，即都符合五音、符合五行，其中每一句話、每一個字，其發音、節奏都符合五行。

讀一讀上古經典就會發現，都是四字一停，五字一頓，七字必反，這就是節奏。這種節奏從《詩經》中就能感受，一句話不超過七個字。這樣是要求說話時要想一下幾字一句嗎？不需要，只需要經常讀《詩經》，自然就會形成一種節奏，節奏形成自然就有韻律，說話就能掌握節拍，自然就能做到四字一停、五字一頓、七字必反，而且以後只要說話就是這樣的節奏、這樣的韻律。

現在大家可以理解，如何練習語音語調了。讀《詩經》，讀出聲音以練習語音，讀出節奏感以練習語調，語

音語調就是這樣練習，記住是讀《詩經》。唐詩不可以，唐詩只是押韻，但是節奏和聲音都不符合五行，不會使聲音越來越圓潤、越來越有魅力。

這就是聲音的奧祕，聲音如何練習。希望大家能夠理解！

# 第十一章

## 音聲法門明理念自身
## 樂通大道平衡向圓滿

# 第一節

# 讀經修聲音大邏輯其義自見
# 開卷有益不求甚解讀才有益

六藝之中，如果大家只看題目，可能最不受重視的就是樂，認為樂不外乎就是音樂、樂曲，沒有什麼可講的，在教化中亦無太大意義，並不重要。而本書講解的六藝中，禮和樂其實是最重要的，其中的內容博大精深、包羅萬象，無論修行、做人、建功立業，禮樂都是基礎和前提。我們講過夏商周三聖時代，主要是以禮樂教化民眾、教化眾生。所謂教化，不僅是教育百姓，同時也用禮樂管理百姓，讓百姓知禮通樂，管理基本就到位了。禮乃孝之前提，樂乃溝通之道、修身之道，因為太重要，所以放在六藝的前兩位。

我的書籍講解近乎漫談，然而開卷有益，講六藝不一定是時時刻刻只針對六藝主題，作特別針對性的講解，講樂也不是時刻在講樂理，講聲音之道、溝通之道，那樣講

也很沒意思。中華國學這套大智慧的講解其實就是這樣，有個引子，而後旁徵博引，這樣讀起來反而引人入勝。所以我的系列書籍亦稱為「漫談國學大智慧」，這也是我的風格，所謂開卷有益，讀者感覺有所受益就好。

上一章講的是修樂的方法，也就是聲音的修煉方法，以及聲音最基本的原理。聲音的本質就是頻率，非常重要，因為宇宙成形的萬事萬物，根本的本質都是頻率的不同排列組合，成為不同的振盪波，從而形成萬事萬物。所以，聲音的本質非常重要，練習聲音就是透過發出有序的聲波，即有序頻率的振盪波，潛移默化的改變萬事萬物最基本的波與頻率，我們既可以使其長時間的發展，或者長時間的住，又可以使其儘快進入敗和空的狀態。這其中非常的微妙，有很多的奧妙和奧祕。

上一章我們講解了如何透過《詩經》的練習，能夠使我們的聲音即最基本的溝通形式，真正達到有效的入心，能夠受到眾生的歡迎。這很重要，所以我們講了《詩經》的奧祕即暗合五行之道，《詩經》裏的每一首詩，只要讀出來都合於五行生克之道。不要問為什麼，《詩經》從何

而來我們已經有所交代，不是人所作，而是上古文明遺留在中華大地上的諸多詩篇中，孔子經過采風，進行刪減，留下三百零五首，所以《詩經》中的詩也不是孔子所作，都是上古神人留傳下來的。

現代人看《詩經》基本一半的字都不認識，這是很可悲的。在前書《中華文明真相·文字起源》中講過，現代人到底是進化了，還是退化了。孔子的時代是兩千五百年前，孔子在十五國采風，搜集整理的《詩經》，其中的詩可不只是存在了兩千五百年，那都是上古遺留下來，在民間流傳的作品，那都是多麼久遠的時期，是伏羲時代，甚至伏羲之前的時期不斷留傳下來的。

孔子時期進行了搜集，稱之為「采風」。而在周之初，周文王也曾經做過一件事，就是在民間大量搜集、整理、匯總上古時期遺留下來的筆記，不能稱這些為著作，只是上古時期遺留的神性筆記，周初開始有意識的進行整理，我們現在稱之為神性文明，周初把這些隻言片語整合起來，周時即建有國家圖書館，老子就是國家圖書館館長，負責把搜集來的上古時期的筆記整理存放在圖書館中，由他進

行保管，所以老子條件便利，近水樓臺先得月，能夠通讀、領悟這些上古經典，所以老子的境界很高。

《道德經》其實並不是老子自己作出來的，也不是他靈光乍現出來的。傳說中，老子騎青牛過函谷關時，遇到守函谷關的關長，因為沒有通關文牒，被扣留後關長對他說：「你寫一篇著作，如果寫的可以我就放你走，不然我就治你的罪」。老子沒有其他辦法，於是寫了《道德經》五千言，上下兩篇即道篇和德篇。關長一看寫得挺好，就留下文章放行了老子。這只是個傳說，老子神通廣大，出關豈能被關長攔住。而《道德經》，是老子從圖書館中的上古經典，即保存的上古筆記中摘錄的，文章都是一句一句獨立的語言，之後我們專題講解《道德經》時再詳細講這一段，大家現在先有個簡單認識。

現在講樂，練習聲音、練習發聲，上一章告訴大家最簡單的方法，就是讀《詩經》，隨著不斷的讀，語音語調就會開始變化。聲音會在不斷讀《詩經》的過程中，慢慢變得圓潤、動聽、有魅力，因為不斷讀的過程中，聲音的韻味就逐漸有所不同，之後說話不僅聲音好聽、有魅力，

同時有節奏、有韻律，也就是有了韻味，即更加悅耳、動聽。不斷讀《詩經》中所發出的聲音，暗合五行之道，說出的每一句話，自然而然的就是像詩一樣的語言，發出的聲音也都像吟唱《詩經》一樣。並不是語言內容多麼優美，而是說話的節奏、腔調、聲音暗合五行之道，聲音本身就有潛移默化的療癒作用、修復作用，就有把人帶向平衡和圓滿的作用。這一點我們一直在不斷的強調。

有人問：「老師，學儒學我們可以讀《詩經》，那讀別的可不可以呢？」前面已經講過，雖然道有道的修法，佛有佛的修法，但其實都不離聲音的修煉，我們把聲音的修煉之法稱為「音聲法門」。儒釋道中音聲法門都是非常重要的修行方法，甚至是最重要、最直接的修行方法，而且已經涉及到密傳的密修之法了。

修習儒學要開口讀書，即要讀經典，而儒學經典都是暗合五行之道。其中很多是上古神人所作，但儒學十三經中，《孝經》可能是孔子和他的弟子所作，《大學》、《中庸》也是琅琅上口，但也都是孔子的弟子子孫即人為所作，除了孔子親自編撰的六經，之後包括《論語》等經典都是

他的後輩弟子所作，這些著作讀之有用嗎？其實不僅是孔子十三經，還包括《韓非子》、《鬼谷子》，或者諸子百家的經典著作，會發現其實讀起來都有共同的節奏，琅琅上口、合轍押韻，而且都有節奏的共同點，因為諸子百家的著作，不僅經典中的語言結構、文字結構相似接近，讀出來時發現音調也比較相似接近，都符合一定的規則。而且無論是語音語調、節奏韻律、語言結構以及文字結構都是符合一定規則的。

有人說：「老師，我想學習文言文，但是文言文的構成，語言的結構到哪兒能學啊？百度和谷歌都搜索不到文言文的具體結構啊？也沒有人講過和寫過文言文的結構規則，那我怎麼學呢？」

的確，所謂文言文的語言結構、文字結構，基本找不到學習資料。但是古人的文章為什麼都是基本按照一定的文言文規則寫出來的？到底是何規則，其實古人也並未整理過。文字的整理有《爾雅》以及後來的《說文解字》，因此文字的結構，音、聲、意，是有字典和規則的。然而，文言文的規則卻基本找不到，那怎麼寫文言文呢？這裏亦

有奧祕，如何學習文言文，怎麼才能開口說話就帶有古風、古韻、古音？只有一個辦法，即是多讀上古之經典。

讀經典的過程中，就會一點一點找到那種節奏，一點一點會運用那些語氣詞，什麼情況下用「之」、用「乎」，什麼情況下用「者」、用「也」。其實，之乎者也都是語氣詞，什麼情況下使用都是憑感覺。古人為何用著這麼順暢？古人的感覺是怎麼找到的？其實還是這一點，多讀上古之文，在讀的過程中，文言文體系的架構就能夠找到感覺了。

有人說：「僅僅找到感覺是不是太不嚴肅認真了？找感覺不行，我得有標準。現在凡事都要有標準，得把標準定出來，之後我就可以學習了。」

如此認識，還是邏輯性太強，還是事事都在求邏輯，必須定出並按照標準行事。古人本就不是按照所謂的邏輯來，然而看似沒有邏輯，其實有大邏輯，看似凡事都憑感覺，好像都是感性的，其實不然，其中是有大邏輯的。而西方現在的邏輯學反而是碎片，把無數的碎片穿插起來，

按照一定的所謂邏輯關係，羅列形成整體。我們中華祖先則是先有整體後有碎片，先找到感覺，有感覺了即是先有整體，當找到了整體，文字都是碎片，直接用就行。

何謂標準？有邏輯的標準是小標準，看似沒有邏輯的大邏輯下是大標準，即是所謂整體。我們學習儒家的經典從哪裏開始起學、起修？就從三歲教孩子讀《詩經》開始學，讀《詩經》即是起修處，字不認識沒有關係，三歲不用教字。

有人擔心，「老師，《詩經》裏都是談情說愛，都是少男少女的情感抒發啊！是不是都是不健康的思想？」那是你根本不懂《詩經》，是你的思想不健康。詩三百思無邪，不要以為都是情緒的抒發，描述愛情就覺得思想不健康，完全不是那回事。三歲的孩子開始讀《詩經》是要讓他掌握語言和聲音的頻率、節奏、韻律，這非常重要，自己調整自身的五行，孩子真正的起修處就是從此開始。

孩子三歲以後，開始進行家規、家教以及守禮的教育，亦即開始教基本的禮、基本的孝道，如何對人誠敬，恭敬

長輩，同輩間以誠相待。樂的教育就是讀《詩經》，三歲的孩子由大人帶著讀《詩經》，孩子只需跟著讀即可，不要背誦，也不要讓孩子去理解《詩經》的意思。

有人疑問：「老師，不理解《詩經》的意思，如何學習？」

這還是受現代西方教育影響的邏輯思維方式。學習經典無需理解其含義，也根本無法理解經典的真正含義，因此只需讀。古人學習經典，就是多讀，正所謂「書讀百遍，其義自見」，要清楚不是書看百遍，也不是書念百遍，而是「書讀百遍」，百遍即是指非常多的遍數，而其義自見即是，一點一點的就逐漸找到了感覺。找到的感覺究竟是什麼，其實並不知道，也說不出來，能說出來的就不稱為感覺了，也就不是「其義自見」了。這就是古人學習經典的方式，也是唯一的一種方式。

我們現代人如何學習經典的？現代人不讀經典，而是都在看、在念，在心裏念，或者只用眼睛看，然後理解是什麼意思。古人早就告訴我們，不可以這樣學習經典，不可以從字面上研學經典，經典只需用來讀。

有人不理解，「老師，只需讀經，不知道是什麼意思，那不是不求甚解嗎？」何謂不求甚解？天天一字一句的琢磨經典文字的意思，就是從字面上解釋、解讀，根本不可能解讀明白，也不可能理解清楚。真正對經典理解的高度，在於個人的水準高低，經典本來高萬丈，個人境界只有一寸小，那麼這個人從字面上無論如何也解讀不出二寸高。所以學習經典也是有方法的，學習經典也得有明師指路，不然根本不知道怎麼學，天天手捧經典，拿著《黃帝內經》逐字逐句的琢磨，「理色脈而通神明」這句話什麼意思，「合之金木水火土、四時、八風、六合」這些又是什麼意思？何謂色脈查不到，理色脈更查不出來是何意思，更不用說通神明了，根本理解不了。

現代人都是看經典，然後字句斟酌，琢磨著解其義，以為自己看懂了，這句話是這個意思，其實怎麼可能看懂經典，沒有明師指路，究竟如何學習經典都不知道，怎麼可能把經典的內容看懂？現在我講的很多已經涉及到密傳之法的入門了，實屬與書前讀者有緣，事實上如果沒有明師引路，根本就不知道如何讀經，更不要說理解或者領悟

經典的含義了。經典的學習是有大學問的，當然學通之後用起來很簡單，但是若無明師指點，自己一輩子也參不透、悟不到。孔子在《易經・繫辭》中直接告訴我們「書不盡言，言不盡意」，不要以為自己會看書，就能從書上知道經典的內涵到底是什麼，放下吧，根本不可能。

有人疑問，「老師，您不是在講樂嗎，怎麼講出這麼多其他的內容來？」樂的奧祕，我們在此只是籠統的講一講，也就是點化激活一下，其中的內涵奧妙太多、太龐博了。六藝中的每一藝都非常了不得，都涉及天地人之道，其中都有五行、八卦之至理，這些都不通，立象、設卦、繫辭也不理解，變通、鼓舞就更不懂了，也不知道應該如何學習，那何談國學之入門？我在本書所講的國學跟其他人講得不一樣，絕不是把每一個字研究明白，一個字有幾種解釋都研究清楚，國學就好像學得差不多了，然後背誦經典，有點感覺、有點基礎後，開口說話滔滔不絕的都是國學經典的至理名言，覺得這就是國學修習有成，就是大師，其實不然，還差之甚遠，甚至未及皮毛。

我們現在所講的國學是告訴大家怎麼應用？所謂萬變

不離其宗，到底萬變不離何宗？國學不是用來講說的，而是拿來應用的。如何才能真正會用？必須得修。國學是要修的，而不是學的、不是背的。每一部經典都有其入門之道，都有其修行正路。國學之起修，必須在明師的引領下，一步一步的領進門，然後自己就會修了。修到一定境界，心力越來越廣大，數術掌握得越來越精通，力量就強大了，智慧就增長了，那時再看人看事、做人做事就不一樣了，就真的變了，這才是我們真正學習國學的意義所在。

修國學，從聲音處起修，稱為音聲法門，這就涉及到了密傳，非常之重要。儒學有儒學的音聲法門，道家有道家的音聲法門，佛家有佛家的音聲法門，各有各的起修處。然而，無論是儒學、道學還是佛法，音聲法門的修煉都非常重要，可以稱之為是我們所離不開的。

三歲開始讀《詩經》，長大些後開始讀《孝經》、《論語》。《詩經》是不需要理解意思的，只需讀，甚至都不用學字。但是到了七歲上小學後，就從《爾雅》開始學字，學字之後即由老師帶著讀《孝經》、《論語》。七歲以上的孩子自我意識已經萌芽，能夠分辨一些是非了，基本就

有自己的想法了，認識字後就能開始解讀經典的字面含義了，如此在讀《孝經》、《論語》的時候，孩子看著字讀其實就會帶著自己對文字的理解，過程中一點一點潛移默化的，對經典就形成了自己的一套感覺，而讀的過程中就可以背誦了，七歲以下的孩子不可以背誦，七歲以上就可以背誦了，即邊讀邊背。到了大學階段學習六經，即詩、書、禮、樂、易、春秋，從《詩經》開始學起，更上了一層高度。而六經的學習還是得讀，不斷的讀，所以古人的私塾中都是朗朗的讀書聲。

現在的校園裏還能聽到朗朗的讀書聲嗎？基本沒有了，即使在讀，也都是讀白話文，而白話文讀起來就像白水一樣，有何內涵可言。所謂白話文本就是白話、口語，為何要到學校裏讀口語？學校還有何意義，豈不浪費時間？真正在學校裏應該學習經學，讀經典、經文。為什麼要讀經文？因為經文中暗合五行、心法，暗合事物發展規律，讀之即開卷有益，而且讀才有益，不讀無益。

如果只是看書，則書看得越多，錯知錯見就越多。天天研究、琢磨經典中講得是什麼道理，覺得好像通了很多

道理，其實通的都是歪理，所謂自己從經典中悟出來的就是歪理。所謂開卷有益，就是開卷即讀，不求甚解，不論其含義，只需讀，其實這就是密傳之法。

有人不解，「老師，我讀了之後是怎麼受益的？我也不知道哪兒受益了。」

只是你的意識不知道哪兒受益了，但是你的潛意識、整個身心都已經受益了。經典難道沒有能量嗎？不要再加自己的意識、自己的理解了，加了自己的意識和理解就把經讀歪了，經是好經，但你的錯知錯見卻都是從經中所來，根本不是經典有問題，而是你自己的理解有問題。

有人又問：「老師，我的理解為什麼就不正確，為什麼一定是錯誤的？」

因為你的高度和境界只能達到那個程度，你理解經典的時候不會超過你自己的境界高度，畢竟還是你本人在解讀經典，經典再高與你並無關係，你只有那麼高，就只能看見那麼高。所以，當帶著錯知錯見解讀經典的時候，解讀出來的也全是錯知錯見。可能大家現在還不明白我說的

意思，甚至有人可能並不認同，但是一定自己好好品味琢磨一下，是否明白我這一段話的意義，經典不需要字面解讀，不需要個人用自己的意思解讀，只需要讀。

再者，一定要注意，不是千經萬律都可以讀，經典本身也有很多不如法的，不是所有印到書上的話都是經典，都是至理，真經其實沒有幾部，假經反而遍地都是。不要以為古人傳下來的一定是真經，這個問題大家可能從未想過，教人從善的，教人積功累德的，不一定都是真經，教人做好事的人也不一定都是好人。先不要想如何辨別，現在你還沒有辨別能力，也無需辨別。

經典浩如煙海，僅佛經就三藏十二部，千經萬律中有真有假，豈能拿來就讀？俗話說「盡信書不如無書」，三藏十二部佛經全看完之後，人就徹底懵了，徹底糊塗了，因為各部經典之間都是矛盾的，這部這樣說，那部那樣說，想從中找出哪是對的，永遠都找不出來。其實大道至簡，真經僅有一部。正所謂「假傳萬卷書」，不要以為所謂的經典都是真的，並不是，所以還必須得具備一定的鑒別力。

有人著急了，「老師，我沒有鑒別力怎麼辦？」不用著急，也無需高深的鑒別，抓住幾部最基本的經典就可以了。首先儒學十三經沒有問題，可以去理解、去修、去讀。因為從漢唐一直到清，兩千年來很多的儒學大德、儒家聖賢，都是透過修習儒學十三經而來，所以儒學十三經是經過了驗證的。但是道家的經典一定要注意，諸如《金丹大道》、《性命圭旨》等等，琳琅滿目、真真假假分辨不清，道法必須得有明師指引，不然按各種古籍經典盲修瞎練真的會練壞，因此道家要守住一部《道德經》。佛家經典有兩部是最基本的，一是《金剛經》，一是《六祖壇經》，其實兩部經是一回事，《六祖壇經》也是從《金剛經》來的，其他的諸如《阿彌陀經》、《楞嚴經》等自己根本看不懂，讀也沒有意義，知道《金剛經》、《六祖壇經》肯定讀不壞，放心讀即可。

　　此處並不是指佛經只有這兩部是真的，道家經典也不是只有《道德經》是真經。我只是告訴大家，這幾部肯定是真的，包括儒學十三經，都可以自己讀，都是真經，而之後所謂的高僧大德，所謂的聖賢大家所作的所謂經典就不要看了，其實那些自己作的根本不是經典。

# 第二節

# 佛道儒皆重音聲觀音是科學
# 樂以配詩能通道聲音有能量

　　現在我們正在講授讀經典的修行方法，即是所謂音聲法門。音聲法門的修法即是讀，儒學十三經可以讀，尤其是《詩經》可以讀，《孝經》、《論語》也可以讀，《大學》、《中庸》都可以讀。如果想修道，就讀《道德經》，道家的修行方法，數術之中有符咒學，這在道家也是很重要的法門，其實道家修咒本身也是音聲法門，而讀《道德經》，類似於讀經、讀書，是儒學的音聲法門，念咒則是道家音聲法門的修行方法。佛家的修行，有一個非常重要的修行方法，而且是一個與中土眾生有著非常深的直接緣分的音聲法門，謂之「觀音法門」，這是中土修佛尤其重要的修行方法。

　　中國人無人不知觀世音菩薩，家喻戶曉，甚至家家供奉，基本都信觀音，因為觀世音菩薩在中華大地靈驗無數。

觀世音菩薩有各種化身，諸如送子觀音、千手千眼觀世音菩薩、楊柳觀音、甘露觀音，而觀世音菩薩是如何修成的？為何具備這麼大的神通、這麼大的威力，救度眾生，拔眾生之苦，滿眾生之願？祂就是修聲音而修成的，所以稱為觀音菩薩，觀即是修，音即是聲音，觀音即是修音聲，觀音菩薩就是修咒語修成的。

千手千眼大慈大悲觀世音菩薩是發大願，修《大悲咒》，從而修成的。祂發的大願，即末世眾生在水深火熱之中，在地獄中煎熬，觀世音菩薩要使末世眾生得安樂得富饒，離一切苦，得一切福，圓滿一切所願。觀世音菩薩在普通人時就發出了這個大願，祂遇到師父教祂《大悲咒》後，修《大悲咒》而成的千手千眼觀世音菩薩，這就是佛門的音聲法門，即觀音法門。觀世音菩薩有各種咒語，觀音法門亦即是修各種咒語，《大悲咒》是觀世音菩薩最基本的微妙本心咒，即千手千眼觀世音菩薩的心咒。真正修練《大悲咒》，如果方法是對的，真的非常靈驗，是真正的救苦救難，但一定得有方法，是密傳的修行方法。

在此講授一些可以顯傳的內容，本書並不是學習怎麼

用《大悲咒》的，而是先讓大家知道有正確的方法，可以掌握《大悲咒》怎麼讀、怎麼念、怎麼用、如何治病、如何得財富、如何升官、如何福祿壽俱全，《大悲咒》能夠消一切災，免一切難，滿足一切所願，斬妖除魔、幸福美滿在此都有。自古以來「一經一咒」在中華的歷史上是最靈驗的，有無數的靈驗實踐，因此大家都信這一經《金剛經》、一咒《大悲咒》，這也就是之所以中華信仰觀世音菩薩的人數眾多，甚至家家戶戶信觀音、拜觀音。而我們要知道觀世音菩薩的靈驗是有道理的。

有人疑惑，「老師，我們不是在學習國學嗎？怎麼讓我們信觀世音菩薩，念《大悲咒》呢？」要清楚，這也是國學的一部分，不要認為這是迷信。我們中華的信仰中有很深刻的理，有機緣我可以更細緻明白的為大家講授，中華為什麼信觀音，為什麼念《大悲咒》，一經一咒為何如此靈驗，而且我會用現代科學知識為大家講解，明白其理即可知道，其實不是外面有聲音，我們的聲聲念念，念的都不是外面的觀世音菩薩，念的其實都是我們自身的觀世音菩薩，還都是自己，不是向外求，還都是向內求。

但是如果理不通就去信、就去修，很容易就會走向迷信的道路。沒有明師引路，一個人即使自己進入了某種信仰，進入某個宗教，也學不明白，宗教本身沒有問題，信仰本身也沒有問題，如果自己修錯了，自己走錯了路，那是自己的事。釋迦牟尼佛祖講經說法四十九年，祂到世間只為一大事因緣，四十九年僅為講說一件事，即是找回自己，自修、自度、自成佛，僅此一件事。離開這件事，任何都是旁門左道。

　　聲音的修行方法，即音聲法門，儒釋道都是從此起修，可見聲音之重要。我們天天都在講話，而講話本身就是修行。我們都能講話，但是會講話嗎？我們講話能夠真正做到發出的聲音即是咒音，口吐蓮花，這是會講話。所謂演講，即是當眾講話，現在成功學的演講培訓，教人如何上臺，如何使用各種手勢、各種站立身姿，什麼語言才能吸引人、打動人，如何表演表情、眼神等等。然而，如果發出聲音是公鴨嗓，有誰願意聽？姿勢標準、內容動人又有什麼用？在那個場裏，整個場域被烘托得人人嘶聲吶喊、個個熱淚盈眶，離開那個場誰還記得？真正以聲音入人心，

聽一次課，哪怕聽幾句話，都會終生不忘。

真正學習演講，從何開始學起？不是從形體和語言內容上，而是要真正掌握這種方法從小練起。所謂演講，其實都是平時與人打交道、接觸時的溝通，不能總是認為兩個人在一起說話叫做聊天，面對一千個人講話就稱為演講，不能把演講和聊天簡單的分別，實際上我們時時刻刻都在演講，面對一個人也是在演講，面對一千個人也是在聊天，都是一回事。其實都是修行，真正的修行就在平常日用中，大道就在平常日用中，不會離開平常日用而覺得特別遙遠。

現在，聲音到底如何起修，可以自己去悟，這就是六藝之禮樂中，樂的溝通之道。發出的聲音練好了，不僅自己的身心受益，你所在的環境都會受益。我們中華的音樂是怎麼來的？要記住這句話，「以樂配詩」。中華之樂出現的意義，及其根據為何？先有詩後有樂，即所謂以樂配詩。上古之所以發明樂器，不是為了娛樂，為了敲敲鼓、打打鑼、彈彈琴、吹吹簫的娛樂享受的，如果僅是這種境界，那還不及柏拉圖、亞里斯多德等西方哲學家，西方都知道音樂不是用來取樂和享受的，也就不是用來娛樂的，

我們中華的上古祖先怎能不知？中華之上古神人、聖人們比所謂的西方聖人高得多，當然知道樂不是用以娛樂和享受。

以樂配詩的含義就是，吟誦詩的時候，吟誦熟了，韻味越來越足，就逐漸越來越像唱歌的感覺，但又不是唱歌，而是一種氣勢、韻律的呈現，感覺如同一波一波的能量湧來，氣勢、韻律都在其中，就像唱歌一樣高音、中音、低音抑揚頓挫，甚至如排山倒海之勢層層而來。其實《詩經》讀到一定程度，也有這樣的力量。

《大悲咒》真正宏誦起來，聲音似唱歌而非唱歌，發出能量波的穿透力，現場感受非常震撼，能量洶湧澎湃而來，韻律、氣勢皆在其中。但是，在開始起修之時，也得一字一句平平穩穩的念，但是那種念法無法啟用。療癒治病且不必說，《大悲咒》非常重要的作用之一是鎮壓，當在狂風暴雪之中面臨妖魔作怪時，這種字句平穩的念法，如何能夠斬妖除魔、止風住雪。然而，如何啟用這種咒音、聲音的力量則是密傳之法了。

現在念《大悲咒》的人，很多都把《大悲咒》變成歌，

或者廟裏的和尚天天念《大悲咒》做早課，三點半起牀後，廟裏也是鑼鼓喧天像演唱會一樣，也把《大悲咒》變成歌了。這麼念怎麼行？根本無法啟用。那種咒音本來具備宏大的氣勢、穿透力，是一種能量波，念成歌還有何能量可言。但是開始念、開始練的時候，還得從最基礎練起，如果根本都沒背熟，更沒有能量波可言了。真正念熟練以後，一點一點的音調就會完全改變，就開始像有能量的振盪、能量波的方向一點一點的改變，這即是咒音。

《詩經》之詩與咒，其實是一種含義，咒有什麼功用，《詩經》之詩就有什麼功用，都是能量的語言。

有人疑惑，「老師，《詩經》和咒是一回事？我怎麼從來沒聽說過啊？」

其實，你從未聽說的太多了。把《詩經》當成普通的詩歌，以為自己念念《詩經》就是抒發一下情感，其實真正的《詩經》拿出任一首詩，都有息災、祛病、增益、敬愛、鎮壓的作用。何謂增益？即福祿壽俱全，發財、升官、長命百歲。何謂敬愛？即萬民敬仰，真正修成《大悲咒》

的人，就像千手千眼觀世音菩薩一樣，萬民敬仰，人們也說不清楚為何，這就是咒的威力，而《詩經》亦有同樣的威力。

有人不信，「老師，難道僅僅念一首詩就能有那麼大的威力嗎？」

是的。詩在剛開始讀的時候，也像開始念咒一樣逐字逐句的念，經過不斷的修練，到後來音調出來了，能量波就出來了，而後氣勢磅礴，穿透力極強，能量一波一波的湧出，這些作用就都會有了。但是必須在明師的指引下才可以領悟、修練，自己絕不能盲修瞎練，現在只是給大家講解了這個理。

讀詩，在音調練出來以後，氣勢就出來了，於是就想配樂了，因此樂從詩中來，無詩不成樂，離開了《詩經》不成樂。樂曲的五音宮商角徵羽，是從何而來的？就是從《詩經》中來的，念《詩經》時本就暗藏著五音，詩不斷的讀、不斷的吟誦，隨著提取出音樂以後，發現原來是五音有節奏的，宮商角徵羽不斷的迴圈，各有側重，這樣就

發明了五弦琴，發明出各種管弦樂器，琴箏笛簫，其實原理原形都是從詩中而來，都是為了配合詩的。知道了這層含義，就能知道音樂是怎麼來的，樂器是怎麼來的。

樂器是我們聲音的延伸、延續，在自然界中用絲竹作弦、作管來替代我們的聲音，其實彈古琴、古箏，吹笛子、吹簫，都是為了替代我們的聲音，都是一種延伸，這就是音樂的意義。

讀《詩經》能夠修復五行，使五行生克有度，讓自身陰陽平衡，所以有所療癒。所有能流傳下去的樂曲，必是暗合五行的，能夠起到使人身心愉悅、修復圓滿人心的作用，這種曲調的流傳一定是有其實用意義的。甚至於樂能否殺人？當發出金屬聲音的時候，也就是金木水火土中，以金的收斂、肅殺屬性樂調為主旋律的音樂，就能殺人。比如古曲《十面埋伏》，即是千軍萬馬、金槍鐵戈的肅殺之音；韓信當年把項羽圍在垓下，到了晚上韓信下令作一首楚歌，在項羽大營四面演奏起來，項羽的士兵聽到以後，立刻就沒有戰鬥力了，就把他們的力量和氣勢全都卸掉了。這都是運用樂中的五行，想讓人圓滿，就能使之圓滿，抑

鬱者透過音樂可以恢復正常，健康的人透過音樂可以使之不想活下去，甚至自殺。

我們中華古人在歷史上，真的把這些能量，諸如聲音、氣候等都運用得淋漓盡致，所以中華古人的大智慧是現代人所不可思議的，不僅聞所未聞，甚至想都不敢想。然而，中華大智慧，其精華、精髓到現在基本沒留下什麼，更不用說現在的音樂，基本上都變成靡靡之音，成了取悅的工具，做音樂的人都成了明星，明星如何能懂這些理？

樂能通道，且是通大道至理，可不簡單。古人對真正的樂者、真正的樂師非常敬重，真正的樂師必是通天道之人。而現在把做音樂的人稱為「戲子」，那樣對嗎？但關鍵在於通音樂的人，以及喜歡音樂的人還知道這些大道之理嗎？現在作曲、作詞、做音樂的人，到底是為了什麼意義，以什麼為目的？是為了讓人賞心悅目、喜歡聽、喜歡唱，才作曲的嗎？是把人帶向了沉迷，帶向了享樂，還是加強了人的欲望，勾起了人的悲傷？到底有何意義？樂其實也是一種術，也必須得符合大道之理，才真正是有道有術，真正平衡，對樂者、聽眾都好。

醫也是一樣的。中醫本身也是一種術，通大道之理的術即為有道有術，這樣的中醫就會鶴髮童顏，子孫滿堂。而有術無道的中醫，不通大道之理，僅有看似高超的醫術，則對自己和子孫都不好。其實與作曲、做音樂的人是一樣的。

有人不太理解，「老師，您講的我感覺太虛了。什麼叫做通大道之理？什麼樣的音樂才不是靡靡之音？什麼樣的中醫才不是單獨只有醫術的中醫呢？」

這就真的需要自己好好領悟了。做任何一行，興趣是一方面，如果要想做深、做專、做透，想成為這一行的大師，都必須得通大道之理，即所謂平衡之道。否則在這一行中無論多麼精通，也僅是精通於術，只是一種技能，對己對人反而都有傷害，即是所謂的「缺一門」。

凡事都不離陰陽平衡、五行生克之道，不離八卦能量場的調整，這就是大道至理。必須通達大道，然後所謂的術、技能才能真正突飛猛進，才能夠有所昇華、超越，入道之術才能真正到達高維境界，那時才是真正的積功累德、治病救人，那時的音樂彈奏出來才有真正的意義，而不是

用作消遣、用作娛樂。

　　現在的音樂人，人們是如何對待的，大家聚會時聘請一位彈琴特別好的音樂人，給大家演奏一段助興，其實還是戲子，現在不都是這個狀態嗎？其實對音樂很不尊重，對音樂人也很不尊重，為什麼？音樂人如何看待自己，對音樂的定義又是什麼？擁有這項技能、從事這份工作到底為什麼，自己知道嗎？真正的音樂大師，是要透過音樂傳道授業解惑，不是供人娛樂、消遣的。如果透過你的音樂，把人帶向了墮落、沉迷，那就是靡靡之音，你自己真的尊重你的樂嗎？

　　六藝之中第一是禮，第二就是樂，禮是最重要的，樂緊隨其後，都在帝王術之前，這可不簡單。究竟如何看待樂、修樂、修聲在修行中稱為音聲法門，從口中發出的、從琴弦上發出的、從簫孔裏發出的，都是能量波，亦稱為頻率。能量波有正向的，能導人向善，使人圓滿，有病者都會修復，有漏者都會填補，會把人帶向陰陽平衡，甚至可以降服千軍萬馬。

如何運用聲音，如何運用樂器？樂器就是口的延伸，是我們聲音的延伸，口中發出的是五音，樂器發出的同樣是五音。中華的樂器不同於西方樂器，中華一切都是「五」，宮商角徵羽代表的就是木火金水土，都是五行的呈現。由五行生出八卦，八卦即八大能量場，要真正理解聲音的意義多麼重大，開口說話既可以口吐蓮花，又可以口吐怨毒的冷箭，既能傷人又能醫人，還能使人圓滿。其中道理博大精深，在此我只是為大家講解了最簡單的修持聲音的方法，能夠為有緣者打開一扇門，可以繼續領悟。

# 第三節
## 孔子學琴通其靈昇華之樂
## 讀經神奇祝由術音聲療法

中華的一切都講究上乘、中乘、下乘，對聲音的修持也講究上、中、下三乘。在此，藉由孔子六藝之樂，為大家點一點如何修持音聲。孔子也通古琴，他是如何學習古琴、學習音樂的？孔子的學法可與我們不一樣，老師教他一曲古琴曲，他已經彈得非常熟練。

老師說：「行了，這首曲子你彈得可以了，已經練得很熟練，可以教你下一曲了。」

孔子卻說：「老師，還不行，我現在僅僅感受到了這首曲子、這隻琴的形，還遠遠不夠。」

於是孔子繼續不斷的練，有一天孔子主動找到老師，說：「老師，這首曲子我已經基本彈得差不多了。」

老師說：「這次你為何覺得自己彈得差不多了啊？」

孔子回答：「我在彈奏曲子的時候，已經完全能夠感受到作曲者的心境、心態，以及他的神與靈了。我完全能夠知道他是在一種什麼樣的狀態下，以一種什麼樣的心境創作的這首曲子。」

老師說：「那你說說看。」

孔子就向老師形容說：「這位作曲者皮膚黝黑，身材頎長，雙眼明亮深遠，有統御四方的王者氣象，他作曲時的狀態即是一心感化天下四方，若非周文王還有誰能作此曲。」

老師一聽肅然起敬，因為他並沒有告訴孔子這首曲子的作者是誰，而這首曲子就是周文王所作的《文王操》。

由此可見，孔子是如何學琴的，不僅僅學其形，更要通其靈，這既是一種方法，又是一種對樂的敬畏之心，即誠敬之心。孔子就是懷著這樣一顆心彈琴、學琴，我們可以想像孔子在彈奏這首曲子時，必是身心靈全神貫注，達到了出神入化的境界和效果。樂所起到的作用，樂即溝通之道，樂曲、樂器本身則是溝通的昇華，透過樂曲孔子甚至能與幾百年前的周文王實現身心靈的相通，這才是真正

的樂，才是樂真正的意義和作用所在。

孔子所在的時期已經是春秋戰國時期，而周文王則是滅商建周的開國之君，兩者相隔五、六百年，周文王當時作曲的心境、心態，經過五、六百年時間後，孔子透過一首琴曲就能夠與當時周文王的靈溝通，完全能夠體會文王當時的意境和心態，這就是昇華了的樂。

孔子六藝，每一藝都宏大而高深，而這些理在先秦和漢唐時期，孩子七歲上小學就逐漸開始接觸了。小學階段，讀書先從《爾雅》開始，後面讀《孝經》和《論語》，同時在練習灑掃、進退、應對之後，開始修習六藝。透過禮、樂、射、御、書、數六藝的修習，讓孩子學習其中之理，同時也傳授孩子們如何應用、怎麼練習。

六藝前兩冊，禮講了很多，樂講更多，雖然講授了如此大的篇幅，但也僅是講個框架，點其精華，無法講得很全面、很透徹、很詳細，僅僅是為大家引一條路，點一盞燈而已。有緣者透過這些，可以去感悟、領悟，如果感覺喜歡、對這些有興趣的讀者，就可以堅持去練、去修。比

如堅持讀《詩經》，去感受、領悟；或者喜歡《大悲咒》，就堅持念《大悲咒》領悟；或者喜歡《道德經》就去讀《道德經》，喜歡《金剛經》就去讀《金剛經》。這些都是我推薦給大家、練習音聲法門比較基礎且安全的經典，都可以讀。讀《詩經》，念《大悲咒》，進而背誦出來，這就是聲音的修行方法。

我在書中所教的方法，讀《詩經》、念《大悲咒》、讀《六祖壇經》、讀《金剛經》、讀《心經》、讀《道德經》、讀儒學十三經，都肯定沒有問題。在沒有得遇明師指引的情況下，現在先按照我講的開始讀這些經典，這就是修行的方法。找一部自己喜歡的、感興趣的上述經典開始起讀，這就是起修處。不必想其他，也不用理解《詩經》中詩的含義，只需讀；不用理解《道德經》、《金剛經》的意思，只需讀出來；不用理解《大悲咒》每句咒語的意思，只需背誦出來，堅持讀誦，然後觀察自己的身心有沒有變化。如果你現實中有不幸、不順、障礙，無論你喜歡上述的哪一部經或咒，都沒問題，通達的每天堅持讀下去，再看現實狀態會不會有神奇的變化。

所謂神奇，基本的理已經都講了，上述每一部經咒都暗合五行生克之道，五行調平衡，陰陽自然就平衡了，陰陽平衡的狀態下，外部的災難、不幸、障礙、小人，自然就都平息了。這些都是有其理、合乎科學規律的，而不是迷信。但我還是要強調，經典不可亂讀，左讀一部《弟子規》吧，右讀一部《地藏經》，絕不可以。根本不知道《地藏經》中寫的是什麼、是何意思、有何應用，豈不徒招災禍？不是《地藏經》不好，而是若無明師指引，千萬不可亂讀。如《楞嚴經》、《地藏經》等，豈是普通人能讀得了的？其中含義太深，不懂、不知即是任意妄為，要知敬畏，切不可自以為無知者無畏的亂來。諸如《楞嚴經》、《楞嚴咒》、《地藏經》都是專門的修行法門，都是針對特殊、特定緣分之人修行的，必須由得真傳的師父傳授才能起修，否則無異於自尋死路。

知道音聲法門的力量強大，但更要有所敬畏，在此我教大家修什麼就踏實的修，那幾部經和咒都是最安全的。《詩經》沒有太大的版本問題，《道德經》版本眾多，有馬王堆出土的帛書版，有古代版、現代版，《六祖壇經》、

《金剛經》、《心經》都有多個版本，如何選擇？在此告訴大家，讀流行版即可。《大悲咒》有八十四句的，還有八十八句的，到底讀哪一種？我明確告訴大家，讀八十四句《大悲咒》。

不要追究諸多版本的對與不對，流行就有流行的道理。其實無論版本真假，與大家讀經典並無關係，大家尚不理解其含義，也無需解讀內容，即使版本間存在差異，但其中基本的理、本質的內涵，其中蘊藏的五行之道並沒有變化，不要存太多的分別心，認為必須找到對的才能起修。在此告訴大家現階段何謂對？最流行的即是對，就用最流行的版本讀，《大悲咒》就讀八十四句的，無論買到《道德經》帛書版、《六祖壇經》敦煌版，還是買到現代流行版，都可以直接起修，這就是與之有緣，切忌換來換去。

其實根本不用想那麼多，上述幾部經咒，儒釋道都包括，喜歡哪一部就開始用這一部起修。方法已經教了，簡單、直接、實用、有效，但一定要起修來讀，不要聽到方法時熱血沸騰，開始後三分鐘熱度，然後三天打魚兩天曬網，再讀幾天之後就開始換來換去，切不可如此。喜歡修

《大悲咒》，就好好把《大悲咒》背下來，專修《大悲咒》；喜歡修《詩經》，就好好讀《詩經》；想修《金剛經》，就好好修《金剛經》；想修《道德經》就好好修《道德經》，一門深入。其實無論修什麼法門都是這一回事。

有人喜歡《黃帝內經》，我之所以沒有說《黃帝內經》，因為其內容太多、太複雜，雖然也是上古的典籍匯總，但其中有很多篇相互矛盾，還有幾篇是後人加進去的，所以我沒有提及。但是《金剛經》、《六祖壇經》、《心經》這些並不一樣；《大悲咒》是唐朝傳下來的，一直以來靈驗無數；而孔聖人之所以把《詩經》看得如此之重，必有其原因和道理，因此我在此倡議孩子讀《詩經》。

我們在此講述聲音是多麼的重要，剛才說到《黃帝內經》，那是中華的醫學，同樣博大精深，而真正高境界的醫究竟是什麼？現在中國的中醫都用中藥、針灸、推拿、按摩之類的療癒方法，這其實都稱之為下醫。而有史以來，中華醫學特別的高明偉大，但現代人還知道何為最高境界的中醫嗎？《黃帝內經·素問》移精變氣論篇第十三，闡述的就是最高境界的醫，黃帝問老師岐伯，上古之人治病

基本是通神一般，其實上古之人即是神人或半神人，「余聞古之治病，惟其移精變氣，可祝由而已」，即上古神人治病，不吃藥、不打針，只是用「移精變氣，可祝由而已」的方法，病就治好了。

移精變氣在此不作詳細講解，這是中醫的核心之密。而「祝由」即是中醫最高境界的醫術——祝由術。祝由即祝說病由，古語的祝通咒，由則是指病的根源，「可祝由而已」的意思就是，用有能量的語言說出病的根源，則病即不勞針石而已，根本不需要吃藥、針灸、砭石，病就可痊癒。所謂用有能量的語言說出病由，是否就是指聲音，真正最高境界的中醫就是祝由術，而祝由術就是用聲音、以音聲之法治病。現在的祝由術，中醫的祝由十三科，很多人想到了畫符，符何時才有？符是東漢張道陵張天師時期才有的，而《黃帝內經》是上古傳下來的，因此祝說病由就是一種用聲音療癒的方法，真正的上古祝由術即是音聲療法。

音聲法門，儒、釋、道、醫學、兵家、玄學、陰陽家都離不開，無比的重要。聲音能治百病，聲音能解困惑，

聲音能改變命運，聲音能將人帶向圓滿，此即謂音聲法門。這就是孔子復周之禮、循周之制、學周之教化，挖掘出了六藝，其中樂這一門技能的含義、內涵所在。樂即是音聲法門，真正把音聲法門繼續展開講解，還會有很多內容，越講越深，但書中篇幅有限，每一門僅能點到為止。

有人問：「老師，有機緣，我對哪一門感興趣能否跟您當面學習？」

其實，當面學習一門，三年五載也學不完，這些大道學問真正修學都是一輩子的事，不僅有學，還有起修，傳道授業都是基礎，然後下山去用，用一個階段後帶著困惑再上山，師父解惑的過程中，再次傳道授業，而後再下山歷練運用，有困惑再上山，所以是一輩子修學。

真正的國學即是修道，是一輩子的修行，自古以來修行都是師徒，而不是現在老師和學生的關係。學生交學費，老師教一段時間，幾門課教完，就互不認識了，現在大學老師和學生之間都是這種關係，傳授些知識，學生一出校門便再無關係。學國學是修道、修行，可與現在的大學不

一樣，是師徒關係，相當於父子關係，一輩子都離不開。弟子在現實中用的時候總有問題，也總有境界的提升，開始修學時是低境界、初級境界，之後越來越高，隨時都必須有師父指點，不斷傳授新的、更深的理法，師徒是這樣的一種關係，特別講究緣分和心態。

有緣建立師徒關係，但也不一定必然是一輩子，也都有階段性，而階段性的關係取決於弟子的心態，沒有任何一個師父收了弟子之後，會刻意不理、主動拋棄某個弟子，只有一種情況，即弟子心態不正、行為不端，師父看出弟子有問題，不可再教了，這種關係才會截止。

有緣分以後，心態即是品德，即是德行，師父對弟子還要進行不斷的考驗，因為要傳授他越來越深的東西。開始都是眾多弟子一起傳授，傳的都是最淺顯、最初級、都可以學的，經過不斷的考驗一點一點的淘汰，剩下真正經得住考驗的，即德才兼備、心態穩定的弟子，再一點一點傳授更深的東西。師徒傳承，剩者為王，經過十年、二十年、五十年依然能夠剩下繼續修行，就是最厲害的。剛入門時聰明伶俐、有錢、有權、有能力的，都沒有用，如果

心態不好就都是階段性的。但也不要錯誤的認為，不跟隨師父十年、二十年就學不到真東西，其實從上山第一天開始，師父教的肯定都是真東西，只是有程度和境界的不同。

六藝之樂即講授至此，下一冊我們將開始講授六藝之射，即成功之道。現實中我們為何會有諸多的不成功，為何獲得成功總是如此之難，到底有沒有成功的捷徑，射藝成功之道將為大家系統闡述，有緣待續……

# 明公啟示錄：
# 范明公解儒學六藝——中華精英的蒙學教育 2

作　　　者／范明公
出 版 贊 助／李朝陽・唐琳
主　　　編／張閔
美 術 編 輯／申朗創意
責 任 編 輯／林孝蓁
企畫選書人／賈俊國


總 編 輯／賈俊國
副 總 編 輯／蘇士尹
編　　　輯／高懿萩
行 銷 企 畫／張莉滎・蕭羽猜・黃欣


發 行 人／何飛鵬
法 律 顧 問／元禾法律事務所王子文律師
出　　　版／布克文化出版事業部
　　　　　　台北市中山區民生東路二段 141 號 8 樓
　　　　　　電話：(02)2500-7008 傳真：(02)2502-7676
　　　　　　Email：sbooker.service@cite.com.tw
發　　　行／英屬蓋曼群島商家庭傳媒股份有限公司城邦分公司
　　　　　　台北市中山區民生東路二段 141 號 2 樓
　　　　　　書虫客服服務專線：(02)2500-7718；2500-7719
　　　　　　24 小時傳真專線：(02)2500-1990；2500-1991
　　　　　　劃撥帳號：19863813；戶名：書虫股份有限公司
　　　　　　讀者服務信箱：service@readingclub.com.tw
香港發行所／城邦（香港）出版集團有限公司
　　　　　　香港灣仔駱克道 193 號東超商業中心 1 樓
　　　　　　電話：+852-2508-6231　　傳真：+852-2578-9337
　　　　　　Email：hkcite@biznetvigator.com
馬新發行所／城邦（馬新）出版集團 Cité (M) Sdn. Bhd.
　　　　　　41，Jalan Radin Anum，Bandar Baru Sri Petaling，
　　　　　　57000 Kuala Lumpur，Malaysia
　　　　　　電話：+603- 9057-8822　　傳真：+603- 9057-6622
　　　　　　Email：cite@cite.com.my
印　　　刷／韋懋實業有限公司
初　　　版／2021 年 08 月
定　　　價／300 元
I S B N／978-986-0796-17-9
E I S B N／978-986-0796-18-6 (EPUB)

城邦讀書花園　布克文化
www.cite.com.tw　WWW.SBOOKER.COM.TW